KB122457

조선후기 화폐사

조선후기 화폐사

원 유 한

혜안

책머리에_사은(謝恩)

　45년 전 8월 어느 무더운 날 오후, 타계하신 홍이섭(洪以燮 : 1914~
1974)·김철준(金哲埈 : 1924~1989)·이광린(李光麟 : 1925~2006)
세 분 선생님은 조선후기 화폐문제를 주제로 한 필자의 석사학위논문
을 심사하셨다. 세 분 선생님은 논문심사를 끝내고 난 뒤에 필자에게
앞으로는 보다 열심히 공부해야 할 것이라고 격려의 말씀을 해주셨다.
세 분 중, 먼저 홍이섭 선생님은 "연구주제는 잘 잡은 것 같으니,
한 10년 동안 조선후기 화폐사 탐구에 몰두(沒頭)하는 것이 좋을 것
같네.……또한 화폐사의 사상적 배경으로서 조선후기 실학(實學)의 연
구 또한 소홀히 하지 않았으면 하네."라고 하셨다. 필자는 선생님의
말씀을 들으면서, 조선후기 화폐사와 실학문제를 다양한 시각을 통해
심층·포괄적으로 분석, 고찰하는 동시에 비판적으로 평가·인식함으
로써 연구주제의 본질과 그 역사적 위치를 구명(究明)해 보라는 말씀이
라고 생각했던 기억이 지금도 새롭게 되살아난다.
　일반적으로 상품·화폐경제 발전은 그 시대의 역사발전을 촉진하
는 요인으로서 충족조건은 아닐지라도 필요조건으로 인식되고 있다.
특히, 상품·화폐경제 발전은 중세 봉건사회가 근대 산업사회로 이행

6

하는 과정에서 중요한 역할을 담당한 역사발전 요인으로 알려져 있다. 이 같은 점은 한국 화폐사 발전과정에서 볼 때, 조선후기에 성장·발전한 상품·화폐경제가 조선왕조의『경국대전』적 제반 봉건사회 질서의 해체 내지 근대지향적 발전을 촉진한 역사적 요인이 되었다는 사실에서 찾아 볼 수 있다. 이러한 관점에서 홍 선생님은 필자에게 연구주제는 잘 잡은 것 같다고 격려의 말씀을 하셨던 것이고, 석사과정 지도교수 이광린 선생님 역시 조선후기 화폐문제를 학위논문 주제로 정하는데 결정적인 도움을 주셨던 것으로 생각한다. 또한 김철준 선생님은 위 두 분 선생님과 같은 문제의식에서 "조선후기의 화폐사 연구는 동시대 역사연구의 기초 작업이 될 것이니 열심히 공부하라.……"는 당부의 말씀을 하셨던 것으로 기억된다.

　한편 홍 선생님은 한 10년 동안 조선후기 화폐사 탐구에 몰두(沒頭)할 것을 당부하면서도, 특히 실학 연구를 소홀히 하지 말라는 점을 강조하셨다. 아마도 그 중요한 이유는, 조선후기의 화폐와 실학은 옛 고려문화권(高麗文化圈)의 중심인 개성(開城)에서 생성·발전했고, 화폐경제 발전과 실학사상 발전은 조선 봉건사회의 해체 내지 근대지향을 촉진한 요인으로서 역사적 성격을 공유(共有)하고 있기 때문이었던 것으로 생각한다. 흔히, 설득력이 큰 2대 역사발전 이해시각으로 인식되고 있는 유물론적(唯物論的) 시각과 관념론적(觀念論的) 시각을 통해 실학사상 발전을 화폐경제 발전의 사상적 배경으로서 비교·평가하여 보다 객관·심층적이고 비판적으로 인식하라는데, 그 다른 이유가 있었을 것으로 짐작된다.

또한, 백낙준(白樂濬 : 1895~1985) 선생님은 우리 겨레의 민족의식 내지 민족사관의 표현이 일제에 의해 철저히 통제되고 있던 시기인 1927년에 무악학원(毋岳學園 : 延禧專門大學) 교수로 부임하셨다. 선생님은 연희전문 국학(國學)의 연원(淵源)으로 알려진 정인보(鄭寅普 : 1893~?) 선생님께 한학(漢學)을 가르치고 정 선생님으로부터 실학을 배우는 한편, 학회를 설립하고 학술지를 펴내는 등 실학을 중심으로 한 무악국학(毋岳國學)을 발전시키는 데 힘쓰셨다. 무악실학의 발전과정을 '源於峽谷 而成川至海'라는 문구의 뜻에 비유해 볼 때, 두 분 선생님은 협곡에서 발원한 실학이 시냇물을 이루는 단계의 실학 발전에 기여했다고 할 수 있다. 그러나 정 선생님의 실학 연구 활동은 애석하게도 납북으로 인해 중단되었고, 선생님의 학문전통은 제자들인 홍이섭·민영규(閔泳珪 : 1915~2005) 선생님으로 계승되었다. 특히 후론(後論) 되겠지만 민 선생님은 강화학(江華學 : 陽明學)을 꾸준히 연구함으로써 스승의 학통을 계승·발전하는데 힘쓰셨다.

그러나 백 선생님이 무악실학, 아니 한국실학 발전과정에서 차지하는 역사적 위상을 생각해보면, 실학을 친히 연구한 실학연구가요, 무악학원 내외의 후배 및 제자 등의 실학연구 활동을 물심 양면으로 적극 도와준 실학진흥가(實學振興家)이고, 또한 실학을 학교교육·국가교육정책 및 제반 사회개혁 이념으로 수용하고자 노력한 실학운동가(實學運動家)였다고 할 것이다. 선생님은 연세대 총장·문교부 장관 등 공직 수행으로 인해 실학연구가로서의 활동은 부진했을지라도 공직을 기반으로 하여 실학진흥가·실학운동가로서의 역할은 오히려 활성화되어 무악실학의 연구 발전에 보다 적극적으로 기여하시게 되었던 것으로 보인다.

백 선생님의 이 같은 학문전통 역시 무악학원 내의 두 제자 홍이섭·민영규 선생님에게로 계승·발전되었는데, 특히 홍 선생님은 냇물 단계의 실학발전을 내[川]의 폭을 넓히고 냇바닥을 깊이 파서 큰 강을 이루었다고 비유해 말할 수 있을 것이다. 흔히 조선말기의 개화사상은 조선후기 실학사상을 계승, 발전한 사회개혁 사상으로 이해되고 있다. 개화사상은 조선후기 실학사상이 역사적 한계를 극복하기 위한 자기 변용(自己變容) 과정에서 생성·발전한 민족주의 및 근대지향적 성격을 띤 사회개혁 사상으로서, 전·후자는 본질적으로 역사적 성격을 공유하는 사상체계로 인식되고 있기 때문이다. 백 선생님께서 미국 예일대에서 개신교의 한국 전래에 관한 박사학위논문을 쓰게 된 문제의식·이해시각 및 그 동기를 통해, 개화사상의 성격과 본질적으로 공통되는 점을 찾아볼 수 있다. 개화사상의 민족주의와 근대지향적 성격은 개신교의 한국 전래와 마찬가지로 근대문물의 수용을 의미하는 것이고, 개신교의 박애주의(博愛主義)는 약소민족의 민족주의와 친화적(親和的)인 관계에 있었기 때문이다. 이로써 선생님은 실학사상의 연구발전에 직접·간접적으로 기여했을 뿐만 아니라, 실학과 역사적 성격을 같이하는 개화사상 연구의 단초(端初)를 이루어 놓았다 할 것이다.

오늘날 한국학계에서 가장 많은 업적을 낸 분야가 바로 실학이라고 한다. 그러니까, 1950년대 천관우(千寬宇 : 1925~1991) 선생님에 의해 실학은 민족주의 및 근대지향적인 사회개혁 사상으로 제시되었다. 그 이후의 대부분의 실학연구는 바로 천 선생님의 견해를 바탕으로 하여 이루어지고 있다. 그리하여 선생님의 업적은 조선후기 실학연구의 활성화를 촉진한 기초를 다진 것으로 평가되어 왔다. 반면에 백낙준 선생님은 본격적으로 조선후기 실학의 본질과 역사적 위치를 분석·고찰하고 평가·인식하여 학술논문으로 작성하여 발표하시지는 않은 것으로 알고 있다. 백 선생님은 중학생의 신분으로 1911년의 소위 '105인 사건'에 연루되면서 중국으로 탈출하여, 작은 나라 일본에 패한 중국이 신해혁명(辛亥革命)을 일으켜 청(淸)의 전제정부(專制政府)를 물리치고 새 공화국이 되는 것을 보고 큰 감동을 받았다 한다. 그리고 근대화의 소용돌이에 휘말려 있는 한국에도, 근세 실학파 이론을 현대에 알맞게 적용시켜볼 수 없을까를 연구해 보았다는 것이다. 또한 연세대학교 총장 재직 시에는 개신교 및 선교사를 통해 서양 근대문화가 직수입되는 대학교의 교육이념으로 실학을 수용하여 주체적 민족교육의 실현을 위해 힘쓰셨다. 이같이 실학운동가로서의 선생님의 체험담을 통해 1950년대 보다 40여 년이나 앞서서 실학은 한국 근대화를 위한 사회개혁 사상이 될 수 있다는 점을 깨달으셨다는 사실을 짐작할 수 있다.

백 선생님은 무악실학 내지 한국실학의 연구발전에 크게 기여하셨고, 미수(米壽)를 몇 해 앞둔 노령임에도 불구하고 여생(餘生)을 실학을 정리하며 보냈으면 한다고 말씀하실 만큼 실학 연구발전에 대한 염원은 뜨거웠던 것 같다. 흔히 선생님의 역사적 위상을 '한국 근대의 거목

(巨木)'이라고 하거니와, 여기에 '한국 실학의 선각(先覺) 또는 선구(先驅)'였음을 덧붙여 평가해도 별 무리가 없을 것으로 생각한다. 선생님이 실학을 연구하고 그 진흥을 적극 추구한 것은 실학운동가로서, 실학은 그 시대가 요구하는 근대화를 위한 주체적 사회개혁 사상으로 수용하기에 가장 적합하다고 판단하셨기 때문이었던 것으로 짐작된다.

지난 날 백 선생님과 필자의 관계를 돌이켜 생각해 보면, 선생님이 1972년 초에 보내주신 편지는 필자가 실학자의 화폐경제사상을 열심히 연구해야 하겠다는 보다 강렬한 의욕과 용기를 가지게 한 계기가 되었다. 선생님 편지의 내용은 필자가 실학자의 화폐경제사상을 연구하고 있다는 사실을 대견해 하시고, 앞으로는 보다 더 열심히 연구에 정진(精進)하라고 격려하시는 말씀이었다. 사실상 1960년대 중반부터 시작된 선생님과 필자 사이는 모교 전임 총장과 한 동문간의 평범한 관계에 지나지 않았는데, 선생님 편지를 받은 이후부터는 무악실학을 비롯한 국학을 가르치고 배우는 교학(敎學)관계로 전환되었다. 특히, 1974년 홍이섭 선생님이 타계하신 뒤에는 백 선생님을 보다 자주 찾아뵙거나, 부르셔서 만나뵙고 인생·학문·철학·종교 등 다방면에 걸쳐 흔히 배울 수 없는 가르침을 받을 수 있었다. 지금 생각해보아도 선생님을 가까이 모시고 가르침을 받을 수 있었던 10여 년 간은 필자에게 있어 더할 나위 없이 행복한 세월로서, 짙은 향수를 느끼게 한다.

위 네 분, 백낙준·홍이섭·이광린·김철준 선생님의 간곡한 격려의 말씀은 필자가 연구주제에 대한 중요성을 새삼 느끼게 하는 동시에, 조선시대 경제구조를 한 그루 나무에 비유함으로써, 조선후기의 실학

문제와 함께 연구주제로서 상품·화폐경제가 가지는 중요성을 다시
한번 더 생각해보게 하였다.

"조선시대의 국가 경제구조를 '토종 능금나무'에 비유해보면, 그
본질과 역사적 위치를 이해하는 데 설득력이 보다 클 것이라고 생각하
였다. 그러니까 농업은 능금나무의 뿌리나 간지(幹枝)에, 광·공업은
나뭇가지와 잎에, 또한 상업과 화폐는 그 꽃과 열매에 비유해 설명하게
되면 국가 경제구조의 본질과 역사적 위치를 보다 쉽고 분명하게
이해할 수 있다는 것이다. 능금나무가 뿌리내린 땅의 비옥도(肥沃度),
수분함량, 일조량, 강우량, 기온 등의 적절성(適切性) 여부와 4계절의
기후 차이로 나타난 생리적 변화[反應 : 健實性 與否]는 능금나무의
생장과정을 통해 그 뿌리나 간지, 가지나 잎, 꽃이나 열매 등에 어떤
형태로든지 나타나게 될 것이다. 그러나 일반 연구자의 분석 고찰을
통해서는 대체로 능금나무 뿌리나 간지와 가지에 나타난 변화에 비해
잎이나 꽃과 열매에 그 변화가 보다 민감하고 명확하게 나타나고
있다는 사실을 확인할 수 있을 것이다. 그러므로 한 시대의 국가 경제
구조를 분석 고찰하고자 할 때, 그 경제구조면에 있어 농업이나 광업의
비중이 크다는 것이 연구주제로서 공업과 상업 및 화폐문제 보다
더 중요하게 평가되어야 한다는 것과는 반드시 일치하지 않는다는
사실을 유의해야 할 것 같다."

이처럼 필자가 연구주제의 중요성에 대해 가지는 확신은 오랫동안
어려운 여건을 극복하며 조선후기의 상품·화폐경제와 함께 진보적
성격을 공유한 실학문제를 집중적으로 분석·고찰하는데 필요한 신념

과 용기를 주었다. 그리고 네 분 선생님으로부터 평소의 대화나 강의시간을 통해 조선후기 화폐사와 실학문제를 구명하는 데 적용할 다양하고 심화된 역사 연구방법론, 즉 다각적 이해시각과 심층적인 분석·고찰방법 및 객관적인 평가·인식론을 배울 수 있었다.

흔히, 근대 역사학은 정치사와 외교사를 주요 연구대상으로 하여 철저한 실증을 통해 역사적 사실을 복원(復原)하는 데 그 특징이 있는 것으로 알려져 있다. 이광린 선생님은 조선시대의 제지 수공업(製紙手工業)·수리사업(水利事業) 등 사회경제사 문제, 호패법(號牌法)·사부학당(四部學堂) 등 제도사 문제, 개화기의 육영공원(育英公院)·외국어학교·개화당 연구 등 개화사 및 조선후기 실학·개화사상 등에 관한 다방면에 걸친 중요한 역사적 사실들을, 근대 역사학의 역사 연구방법론에 의거한 철저한 실증을 통해 복원, 10여 권의 저서를 펴내고 논문 100여 편을 발표하는 등 주목할 연구업적을 남기셨다. 이 같은 선생님의 중요한 연구업적은 학계의 이 방면 연구의 활성화에 크게 기여했을 것으로 짐작된다. 선생님은 필자에게 대학원 진학을 적극 권유, 석사과정 지도교수로서 학위논문 작성과정에 적지 않은 도움을 주셨다. 선생님은 필자가 박사학위과정에 진학하자 곧 다른 대학교로 직장을 옮기셨다. 그 이후에도 타계하시기까지 선생님과는 반세기여의 세월에 걸쳐 비교적 가까운 사제관계를 유지해왔다. 그리하여 지난 2001년 선생님의 희수기념으로 『통일부활의 꿈』(실학아리랑총서 1집, 혜안)을 간행, 오랜 병고로부터 쾌유의 기적이 일어나기를 기원한 일이 있다. 선생님과 맺은, 반세기 넘게 지속된 사제관계는 짙은 향수를 느끼게 하는 인간관계로서 길이 잊을 수 없을 것 같다.

또한, 홍이섭 선생님께서 한 10년 동안 조선후기 화폐사 연구에 몰두하는 것이 좋을 것 같다고 하신 격려의 말씀에는 좌고우면(左雇右眄)하지 말고 '한 우물만 파면 물이 솟는다'는 속담에 비유해 연구방법론이 제시되어 있는 것으로 생각하게 되었다. 그러니까, 선생님은 조선후기의 화폐사와 함께 실학처럼 중요하게 평가 인식되고 있는 역사적 사실을 집중적으로 깊이 탐구하면, 그 역사 연구방법론은 심화되어 철학 단계(哲學段階)에 접근하게 된다는 것을 비유적으로 말씀하고 싶으셨던 것으로 짐작된다. 현대 역사학은, 연구 대상을 정치사는 물론 사회경제사·사상사·문화사 및 문학적 역사 등으로 확대하여 복원된 사실(史實)의 이면(裏面)을 지배하는 사회의식 내지 시대정신의 발전을 포괄·심층적으로 분석 고찰함으로써, 그 당시 역사의 본질과 위치를 구명하는 데 그 특징이 있다고 본다. 홍 선생님이 교단 강의는 물론, 학계와 각계 지식사회가 개최하는 강연회 및 좌담회에서 행한 강연은 명강의로 알려졌었다. 그 중요한 이유는 선생님의 역사에 대한 이해시각이 다양하고, 분석·고찰방법이 참신하며, 평가·인식론이 객관적이었다고 하는 등의 참신한 역사 연구방법론이 심화되어 철학 단계에 접근해 있다는 점에서 찾아 볼 수 있을 것이다. 또 다른 이유로는 대체로 선생님 강의 내용에는 청중(聽衆)의 머리 속에 내재된 한국사와 국학에 대한 지적 욕구를 충족시켜줄 뿐만 아니라, 시간과 공간을 초월해서 우리 겨레 모두가 공감하는 민족의식 및 기독교적 사랑과 같은 소중한 가치가 가슴 속에 농도 짙게 깔려 있기 때문이었다고 할 수 있을 것이다.

홍 선생님은 민족사관(民族史觀)의 표현이 철저히 통제된 일제말기에, 민족사관을 겉으로 드러내지 않는 통사체(通史體) 한국사를 저술하겠다는 의도로 과학사라는 특수사 체재를 빌려서『조선과학사(朝鮮科學史)』를 20대 말에 구상·집필하시게 되었다 한다. 그리하여 선생님께서『조선과학사』를 집필하는 과정에서 통사체 역사서술에 적합한, 보다 참신하고 심화된 역사 연구방법론으로 모색·체득한 것이 바로 철학 단계에 이른 보편적 역사 연구방법론과 대등한 수준의 방법론이었던 것으로 생각된다. 조금만 관심을 가지고『조선과학사』내용을 살펴보면, 그 책이 고·금의 시간적 차이와 동·서양의 공간적 차이, 또는 인문·사회·자연과학 등 학문분야의 차이를 극복하고 역사적 사실의 본질과 위치를 심층·포괄적이고 객관적으로 구명할 수 있는 역사 연구방법론, 즉 그 수준이 심화되어 철학 단계에 이른 보편적 역사 연구방법론을 수용·서술하였다는 사실을 짐작할 수 있을 것이다. 1945년, 조국이 광복된 후 일제의 통제로 위축되었던 민족의식이 전체 사회에 팽배하게 되자 한국사학계 내지 국학계의 한국사 연구는 활발해졌음은 물론, 전체 지식사회의 한국사에 대한 지적 욕구는 제고되었다. 이에 오늘날 '민족사관의 기둥'으로 평가되는 선생님의 한국사 탐구 의욕은 더 강렬해져, 대학 강의는 물론 사회 각계의 요청에 따라 열리는 강연회나 좌담회를 통해 한국사와 주체적 민족의식의 확대, 보급에 힘쓰셨다.

한편 선생님은『조선과학사』를 구상·체계화하고 집필하는 과정

에서 체득한, 심화된 역사 연구방법론, 즉 철학 단계에 접근한 역사
연구방법론을 통해 학계의 기존 연구업적의 오류를 비판·수정하는
동시에 실학·서학·민족운동사 등 한국사 여러 분야의 중요한 문제의
연구를 심화시키고 새로운 분야를 계발·개척하여 한국사 및 국학연구
의 지평을 확대하셨다. 선생님은 화갑을 맞는 해에 비교적 일찍이
타계하셨음에도 불구하고, 10여 권의 저서와 600여 편의 논문·논설
등 많은 업적을 남기셨다. 20여 년 동안 지속된 선생님과 필자의 사제관
계는, 특히 박사학위과정 지도교수로 모신 이후 10여 년 동안에는
학문에 관해서 뿐만 아니라 인생관 등 삶의 전반에 걸쳐서 선생님의
자상한 배려와 가르침을 받으며 필자 나름으로는 학문에 몰두할 수
있었다. 선생님의 인생관과 개신교적 생활철학에는, 시간과 공간을
초월해서 우리 모든 인간들이 가슴에 공감하는 가치, 즉 주체적 민족의
식, 청지기의식, 은밀한 봉사·희생정신, 사랑·소망·믿음·자유·평
등의식과 같이 소중한 가치들이 농도 짙게 깔려 있었다. 이처럼 선생님
의 인생관과 생활철학에 잠재된 소중한 가치가 사제관계를 비롯한
모든 인간관계에서 드러나게 될 때, 많은 사람들은 선생님을 사모하고
존경하게 되는 것 같다. 어쨌든 짙은 향수를 느끼게 하는 그 더할
나위 없이 소중한 세월, 그러니까 선생님을 모시고 공부하던 시·공간
속에 묻혀 있는 보배로운 수많은 사연들을 모두 캐내어 낱낱이 밝힐
날이 머지않아 올 것으로 믿는다.

　또한 필자는 일찍이 민영규 선생님으로부터 홍 선생님과 본질적으
로 공통되는 역사 연구방법론에 관한 말씀을 들었던 것으로 기억된다.

16

민 선생님은 1975년 늦가을 쌀쌀한 어느 날 오후, 북한산 정상에 시든 단풍이 산자락에 내려와 곱게 핀 꽃밭을 바라다보며, 선생님 특유의 완보(緩步)로 구파발 냇뚝 길을 걸으셨다. 한 동안 침묵하고 계시더니, 뒤따르는 필자에게 질문을 하셨다. "자네,『파브르의 곤충기』를 읽어보았나?" 선생님은 필자의 대답도 기다리지 않고 당신의 말씀을 계속하셨다. "파브르의 곤충기는 벌과 쇠똥벌레 등 각종 곤충들의 생태를 관찰 기록한 자연과학서이지만, 그 문제의 연구방법론이 심화되어 철학 단계에 이르렀기 때문에 사회과학서요, 인문과학서가 될 수도 있다는 것이네. 사물에 대한 연구방법론이 심화되어 철학 단계에 이르렀다는 것은 마치 군인이 승진을 거듭해 마침내 장군(general)이 된 사실에 비유할 수 있다는 것이지. 이 말은 장군이 되면 보병·포병·공병 등 병과(兵科)의 구분이 없어지듯이, 사물에 대한 연구방법론이 철학 단계에 이르러 일반화(generalize) 내지 보편화되면 인문·사회 및 자연과학이라고 하는 학문분야의 차이를 극복하고 모든 분야의 학문연구에 공통으로 적용하는 보편적 연구방법론이 될 수 있다는 것일세." 이어서 민 선생님은 자연과학서인 곤충기가 문학작품으로서도 높이 평가되는 것이라고 말씀하셨다. 홍이섭 선생님은 철학 단계에 접근하는 역사 연구방법론을『조선과학사』를 구상·체계화하고 집필하는 과정에서 모색·체득하여 그 이후 한국사연구에 적용하여 빛나는 많은 업적을 내셨는데, 그 중에는 기념비적 업적이 적지 않다. 그러나 민 선생님은 홍 선생님과 달리, 철학 단계에 이른 극히 심화된 역사 연구방법론을 체득한 것이 아니라 이론으로 수용하였고,『파브르의

곤충기』를 통해 자연과학서가 인문과학서와의 차이를 극복하고 문학
작품으로서 평가되고 있다는 사실에 감명을 받으셨던 것으로 짐작된
다. 이를 통해 보듯, 민 선생님은 역사학자로서 다방면에 걸친 중요한
역사적 사실을 계발·개척하는데 힘쓰시기보다는 논문의 문학작품화
에 깊은 관심을 가지기라도 한 듯이(?) 논문 내용에 윤문(潤文)을 거듭하
시어 사학자로서는 드물게 보는 명문장가로서 널리 알려져 있다. 또한
선생님은 은사 정인보 선생님의 학문전통을 계승·발전시키겠다는
사명감이랄까, 의욕이 강해 강화학(江華學 : 陽明學) 연구에 힘써 주목
할 업적을 발표하셨다. 선생님이 발표하신 강화학에 관한 연구업적
중에는 그 분야 전공학자들 필독의 논문 여러 편이 있는 것으로 알려져
있다.

　한편, 김철준 선생님은 "자신의 논문에 대한 다른 학자들의 비판이
나 공격을 별로 심각하게 느끼지 않아도 되는 젊은 시절부터 많은
논문을 써서 발표하는 것이 좋을 것일세. 또한 대작(大作)을 발표하겠다
는 이유로 논문발표를 너무 뒤로 미루지 말고 그 내용을 나누어 그때마
다 최선을 다해 소론(小論)으로 정리 발표하는 것이 여러 면에서 유리할
것으로 생각되고…… 그리고 발표한 여러 편의 소론을 시간적 여유를
가지고 수정·보완하고, 종합·정리하면 보다 수준 높은 대작을 발표할
수 있게 되리라는 것이지. 실제로 젊은 시절부터 논문을 발표해 본
경험의 축적 없이 대작의 발표에만 연연하며 세월을 허송하다가 제대로
된 논문 한편도 발표하지 못하고 정년퇴임을 맞는 대학교수가 적지
않다는 점을 유의했으면 좋을 것 같네." 필자는 위와 같은 논문작성

및 발표요령에 관한 김 선생님의 격려 말씀을 '금언(金言)'으로 생각하고 반세기 가까운 세월에 걸쳐 실천하려고 노력해왔다.

또한, 김 선생님은 종종 강의시간에 동시대사(同時代史)에 대한 연구는 물론 자료 정리 작업이 보다 활발하게 이루어져야 한다고 말씀하셨다. 이 같은 사실은 자료 궁핍의 애로를 절감한 한국 고대사 전공학자의 체험담으로 생각된다. 그리하여 선생님은 "요즘(4·19학생의거 전후 시기) 벌어지고 있는 학생데모를 비롯한 일련의 혼란상을 동시대의 중요한 역사적 사건으로 보고 그 역사적 성격이랄까, 위치를 규정해보는 것도 좋을 것 같다."고 말씀하셨다. 이 같은 말씀을 상기하며 오늘날 심각히 논란되고 있는 통일정책의 역사적 의미에 대한 비판적 인식을 시도해보기도 하였다. "요즘(2001. 8)엔 '햇볕정책'으로 남한의 통일전략이 바뀌었다고 한다. 통일전략이야 역사적 상황에 따라 바뀔 수도 있겠지만, 민족사가 추구하는 통일의 궁극적 목표는 변함없이 오직 하나뿐이다. 즉, 통일은 한국사의 궁극적 목표가 아니라, 우리 민족 모두가 인간답게 살 수 있는, 예컨대 인간이 존중되는 조국(사회)을 건설하기 위한 방법에 지나지 않는다. 통일은 정치적 자유·경제적 풍요·사회적 평등·문화 향수권의 공유·지역 내지 국제적 개방이 이루어진 위에 종교 신앙의 자유가 보장되는, 그런 사회(조국) 건설을 위한 방법에 불과한 것이다."(「땅굴의 교훈」, 『통일부활의 꿈』)

또 한 분, 손보기(孫寶基) 선생님 역시 필자의 박사학위과정 지도교수로서, 논문심사과정에서 베푸신 자상한 배려와 가르침에 감사를 드린다. 1974년도 2학기에 학위논문을 제출할 계획으로 준비에 몰두하고 있던 중, 그 해 3월 초에 10여 년 동안 지도교수로 모시고 공부한 홍이섭 선생님이 홀연히 타계하셨다. 황망 중 장례를 모시고 비탄에 빠져 있는 자신을 수습, 학위논문을 제출하여 1975년 2월에 학위를 받게 되었다. 이 과정에서 제기된 중요한 문제는 홍 선생님을 뒤이을 지도교수를 정하는 일이었다. 그 당시 사학과 교수 중에는 한국사 전공교수로서 박사학위를 소지하고 전공분야가 같은 분으로는 손보기 선생님뿐이었다. 손 선생님께서, 지도교수로 모시겠다는 필자의 요청을 쾌락하시고 논문 제출에서 심사를 마치기까지 베풀어주신 자상한 배려와 가르침에 대해 지금도 새삼 감사를 드린다. 선생님은 필자가 석사과정을 마치고 박사과정에 진학했을 무렵에 모교 사학과 교수로 부임하셨고, 또한 주로 고고학 강의를 담당하셨기 때문에 학부와 석사 과정에서는 선생님과의 공식적인 교학(敎學)관계는 이루어질 수가 없었다. 유감스럽게도 박사과정 마지막 학기에 한 과목(『경국대전』 해제)을 청강했을 뿐이었던 것으로 기억된다. 필자는 고고학 분야에 대해서는 문외한이지만, 선생님은 서구의 선진 고고학 발굴 내지 연구방법론을 수용하여 국내 구석기문화 유적을 본격적으로 발굴하는 등 한국 고고학 발전의 활성화에 크게 기여하셨다. 그리고 고고학과도 개설되지 않은 불리한 여건 하에서 유능한 많은 제자들을 길러내어 가칭 '무악고고학파(毋岳考古學派)'의 형성기반을 이루어, 모 대학교 고고학과 출신 학자들의 독주를 견제, 경쟁적 연구 분위기를 조성함으로써 한국 고고학 발전에 기여하셨다 할 것이다. 또한 선생님은 다정다감하신 분으로 생각되기도 한다. 1965년 3월 선생님은 하버드대학교 출판부가 간행한 귀중한 책(*Money and Credit in China*)을 구입해 필자의 결혼 축하선물로 주신 일이 있어서 하는 말이다. 그 책의 내용은 중국 화폐사를 간략히 요약 정리한 것으로서 중국 화폐사 발전과정을 개관하는 데 긴요한 책이었다. 지금도 종종 그 책을 대할 때마다 선생님이 주신 소중한 선물을 받고 감격했던 일이 생생하게 되살아나, 짙은 향수를 느끼게 한다. 다시 한번 선생님이 베푸신 자상한 배려와 가르침에 감사를 드리면서, 당시 문교부 학위승인신청서류에 첨부하기 위해 선생님께서 친히 작성하신, 필자의 박사학위논문『조선후기 화폐사연구』의 요약문, 전문을 전재함으로써 선생님의 학덕(學德)을 기리는 징표로 삼고자 한다.

元裕漢 문학박사 학위논문 심사요지

논문제목 :『조선후기 화폐사 연구』

우리나라 화폐사 연구에 있어서 유자후,『조선화폐고』(1940)와 최호진,『한국화폐소사』(1974)의 연구가 있다. 종래의 연구는 우리나라 전시대를 개괄하는 연구로 조선후기의 화폐유통이 사회경제의 변혁에 따른 정부의 화폐정책이나 화폐의 수급관계, 원료공급, 주조기술 및 당시 학자들의 화폐관에 대한 분석이 없었다.

본 논문의 저자는 역대실록, 비변사등록, 승정원일기, 일성록 등의 귀중한 관찬 문서와 개인의 문집, 기술사 연구에 중요한 주록(鑄錄) 등을 널리 섭렵하여 정부의 화폐정책과 국민의 반응을 따져가며 연구함으로써 종래에 이루어지지 않았던 분야를 개척하였다.

본 논문은 17세기 초부터 19세기 말에 이르는 조선후기의 화폐정책의 발전과정을 주로 고찰한 것이다.

먼저 제1장에서 동전(銅錢) 유통에 있어서의 사회경제 배경을 고찰하였다. 조선후기의 교환경제의 발달배경을 고려와 조선전기의 화폐정책에 대비시켜 논하고, 정부의 화폐정책이 적극화한 것을 밝혔다. 동전유통에 대하여 그 필연의 추세를 국내의 교환경제의 발달, 중국에서의 영향 등 다각도의 고찰을 하였다.

제3장에서 동전주조 사업의 관리운영 형태를 밝히고, 발행실적 등을 밝힘으로써 이 사업의 발달, 수단 빛 통계상 분석을 시도하였고, 원료의 부족, 동전 수급의 불균형의 타개 등에 대한 사실을 밝혔다.

제4장에서는 이러한 동전유통정책을 추진하는 국가와 국민에 대한 영향 등을 정부정책면에서 고찰하였다.

제5장에서는 조선후기의 대표적 실학자 유형원, 이익, 정약용의 화폐관을 규명하여 동전유통의 추세와 실학자들의 견해의 배경을 밝히는 데 노력하였고, 실학자들의 화폐관의 발전을 고찰하였다.

이러한 과정을 거쳐 조선후기 화폐경제 발전의 시기를 4분하여 각 시기의 특징을 추출함으로써 이 시기 화폐발전의 양상을 쉽게 파악하게 하였다.

위와 같은 논문은 종래의 막연하게 다루어졌던 분야를 철저하게 다루어서 조선후기 화폐사 규명에 있어서 새로운 사실을 밝히고, 화폐유통정책의 변천과정, 전통사회 해체에 따른 사회의 변질과정 등을 밝히는데 기초가 되는 연구를 함으로써 공헌한 바 크다고 본다.

1975. 월. 일.

심사위원장   손보기 인

위에서 살펴보았듯이, 필자는 백낙준·홍이섭·민영규·김철준·이광린 및 손보기 선생님 등 여섯 분 은사님의 크나큰 학은(學恩)에 힘입어 역사학도로서 거쳐야 할 전(全) 교육과정을 비교적 보람되고 행복한 여건 하에서 마칠 수 있었다. 그 이후에도 여러 분 선생님의 격려와 가르침으로 조선후기 화폐사와 실학문제가 가진 연구주제로서의 중요성에 대해 보다 강한 확신을 가지게 되는 한편, 다양한 시각과 참신하고 심화된 역사 연구방법을 통해 주제를 분석·고찰하며, 논문을 작성·발표하는 요령을 터득하는 데 큰 도움이 되었다고 생각한다. 또한, 필자는 어려운 여건을 극복하며 조선후기의 화폐와 진보적인 역사적 성격을 공유하고 있는 실학사상 발전문제를 지속적이고 집중적으로 탐구하는데 적지 않은 신념과 용기를 얻을 수 있었다고 생각한다.

이로써 필자는 조선후기 상품·화폐경제 발전과 실학 발전 문제를 분석·고찰했을 뿐만 아니라, 그 역사적 배경을 이해하기 위해 조선후기 이전(以前) 시기의 상품·화폐경제 발전과 실학 발전도 대강 연구했다. 그리고 조선후기의 상품·화폐경제 발전과 실학 발전의 추세를 전망하기 위해, 조선말기의 그 발전문제 역시 분석·고찰하였다.

필자는 2000년 8월 교수직을 퇴임한 뒤에 대학원 진학 이후 여러분 은사님의 가르침 및 지도·편달을 받으며 집중적으로 연구해 온 조선후기의 화폐사와 실학문제를 총 정리해 보겠다는 생각을 가지고 준비하였다. 그리하여 실학에 대한 연구실적은『조선후기 실학의 생성·발전연구』(연세대학교 국학연구원, 국학연구총서 39)로 정리되어 2003년 도서출판 혜안에서 펴냈고, 또한 조선후기 화폐사에 대한 연구실적은 2006년『한국 화폐사』(한국은행 말권국, 보고서 : 초고본)를 통해, 그 취급범위를 한국 화폐사 전시기를 포괄하는 통사체재의 책으로 펴내게 되었다.

화폐사 서술체재를 구상하는 과정에서, 우선 하나의 방편으로 한국 화폐사 시기구분론을 제시한 바 있다. 즉 한국 화폐사(고조선~20세기 초)의 발전단계를 다음의 다섯 시기로 구분, 제시하였다.

(1) 고대의 화폐사-[명목]화폐 생성기(고조선~10세기 말), (2) 고려시대의 화폐사-화폐유통 시도기의 전반(10세기 말~14세기 말), (3) 조선전기의 화폐사-화폐유통 시도기의 후반(14세기 말~16세기 말), (4) 조선후기의 화폐사-화폐경제 성장 발전기(17세기 초~19세기 60년대), (5) 조선말기의 화폐사-근대 화폐제도 수용기(19세기 60년대~20세기 초).

필자는『한국 화폐사』를 펴냄으로써 지금까지 발표한 화폐사 관계 연구실적을 총 정리할 계획이었다. 그러나 필자의 건강에 문제가 생겨, 처음 계획한대로 충분히 검토 정리하지 못한 채로 펴내게 되었다. 그리하여 위에 제시한 바, 화폐사 발전단계를 '(1) 고대의 화폐사 (2) 고려시대의 화폐사 (3) 조선전기의 화폐사 (4) 조선후기의 화폐사 (5) 조선말기의 화폐사'처럼 다섯 시대의 화폐사로 구분, 각 시대의 화폐사를 1권 씩 펴낼 계획이다. 이 같은 계획에 따라『한국 화폐사』전5권 중 먼저『조선후기 화폐사』를 펴내기로 하였다.

끝으로 이 책이 나오기까지 직접·간적으로 도움을 준 분들께 고맙다는 인사를 해야 할 것 같다. 먼저 직장의 업무가 바쁜 중에도 원고의

24

교정과 윤문은 물론, 출판사에 오가는 일까지 전담하느라 수고가 많았던 서인원 박사에게 고마움을 전한다. 도서출판 혜안 오일주 사장께는 거듭 신세만 지게 되어 미안하다는 말과 함께 감사의 뜻을 전하고, 김태규 실장·김현숙 편집장·오현아 양 등 여러분에게도 감사하다는 인사말을 전하고 싶다.

지은이 원유한 씀

차 례

Ⅰ. 서 론

일반적으로 상품화폐 경제 발전은 역사발전을 촉진하는 요인의 하나로 인식되고 있다. 특히 중세 봉건사회가 근대 산업사회로 이행하는 역사발전 과정에 있어서 상품화폐 경제 발전은 필요조건으로 평가된다. 그리하여 저자는 일찍부터 전통사회 해체 내지 자본주의 맹아발생기로 보는 조선후기의 역사발전을 규명하기 위한 연구 작업과 관련하여 조선후기의 화폐유통 정책, 화폐경제 발전과정1) 및 화폐사상2)을

---

1) 전시대의 화폐 역사를 다룬 논저로는 원유한, 『조선후기 화폐사 연구』, 한국연구원(한국연구총서 29), 1975 ; 『조선후기 화폐유통사 연구』, 정음사(정음문고 165), 1979 ; 『조선후기 사회경제사연구입문』(공저), 민족문화사, 1991 ; 『한국의 전통 사회, 화폐』, 이대 출판부, 2005 ; 『한국 화폐사』, 한국은행, 2006 ; 「이조 숙종시대의 주전에 대하여」, 『사학연구』 18, 한국사학회, 1964 ; 「김육과 동전」, 『사학회지』 8, 연세대 사학회, 1966 ; 「이조 숙종대의 주전동기」, 『동국사학』 9, 동국사학회, 1966 ; 「18세기에 있어서의 화폐정책-동전의 주조사업을 중심으로-」, 『사학연구』 19, 한국사학회, 1967 ; 「이조후기 청전 수입유통에 대하여」, 『사학연구』 21, 한국사학회, 1969 ; 「영조의 동전통용금지시도」, 『사학회지』 12, 연세대 사학회, 1969 ; 「동전협주고」, 『편사』 3, 국사편찬위원회, 1970 ; 「이조후기 화폐주조업의 사영화경향」, 『사학회지』 17 · 18, 연세대 사학회, 1971 ; "A Study of Monetary Policy in the Later Period of the Yi Dynasty", *Journal of Social Sciences and Humanities* No 34, 1971 ; 「조선후기 화폐정책에 대한 일고찰-고액전의 주용논의를 중심으로-」, 『한국사연구』 6, 한국사연구회, 1971 ; 「조선후기 화폐정책에 대한 일고찰-전황 문제를

중심으로-」,『한국사연구』7, 한국사연구회, 1972 ;「조선후기 금속화폐 유통
정책-17세기 전반의 동전유통시도기를 중심으로-」,『동방학지』13, 동방학
연구소, 1972 ;「봉건 조선사회 해체과정에 대한 일고찰-금속화폐 유통문제
를 중심으로-」,『최호진박사화갑기념논총 한국경제사논총(1)』, 1973 ;「조선
후기 동전 원료의 공급 형태」,『인문과학』32, 연세대 인문과학연구소, 1974 ;
「조선후기 화폐사 시기구분 문제」,『문학과 지성』6-3, 문학과 지성사, 1975 ;
"A Study on the Circulation of the Later Period of the Chosun Dynasty",
Korea Observer Vol 6, No 2, 1975 ; "Dissolution of Yi Dynasty Society and
its Movement toward Modernition", *Journal of Social Sciences and Humanities* No
43, 1976 ;「조선후기 화폐사」,『서울육백년사(2)』1978 ;「한국개화기의 근대
화폐제수용에 대한 고찰」,『향토서울』35, 서울시사편찬위원회, 1978 ;「조선
봉건사회의 화폐유통에 대한 반동의 한계성-영조의 동전통용금지 시도
의 실패를 중심으로-」,『홍대논총』11, 1979 ;「조선시대 화폐사 시기구분
론」,『홍대논총』13, 1981 ;「조선후기의 동광연구-동광개발 정책을 중심으
로-」,『사학연 구』35, 한국사학회, 1983 ;「화폐」,『한국민족백과대사전(25)』,
한국정신문화원 1991.

2) 원유한,「농포자 정상기의 화폐정책론」,『편사』2, 국사편찬위원회, 1968 ;「반
계 유형원의 긍정적 화폐론」,『유홍렬박사 화갑기념논총』, 1970 ; "On the
Monetary Theory of Yu Hyung-Won", *Journal of Social Sciences and Humanities*
No 33, 1970 ;「성호 이익의 부정적 화폐론-이조사회 해체과정의 일측면적
고찰로서-」,『역사학보』48, 역사학회, 1971 ;「다산 정약용의 부정적 화폐
론」,『역사교육』14, 역사교육회, 1971 ;「연암 박지원의 화폐제 개혁론」,『사
학회지』19, 연세대 사학회, 1971 ;「조선후기 화폐유통구조 개선론의 일면-
유수원의 현실적 화폐론을 중심으로-」,『역사학보』56, 역사학회, 1972 ;「잠
곡 김육의 화폐사상」,『편사』5, 국사편찬위원회, 1974 ; "Social-Economic
Thought of Kim Yuk", *Korea Journal* Vol 6, No 2, 1975 ;「18세기 전반기
농촌유생 이일장의 화폐사상」,『한국학보』4, 1976 ;「연암 박지원의 사회경제
사상에 대한 고찰-그의 화폐사상을 중심으로-」,『홍대논총』10, 1978 ;「실
학자의 화폐사상발전에 대한 고찰-금·은화의 통용론을 중심으로-」,『동방
학지』23·24, 동방학연구소, 1980 ;「잠곡 김육의 화폐경제사상」,『홍대논총』
12, 1980 ;「실학자의 화폐경제론」,『동방학지』26, 동방학연구소, 1981 ;「반
계 유형원의 상업진흥론」,『홍대논총』15, 1983 ;「이계 홍양호의 화폐경제론」,
『홍대논총』16, 1984 ;「조선후기 실학자의 광업론 연구-다산 정약용의 광업
국영론을 중심으로-」,『유원동박사화갑기념논총 한국근대사회경제사연구』,

집중적으로 분석 고찰하였다. 또한 화폐유통과 조선후기 실학사상의
상호 영향까지도 살펴보았다.3)

　조선후기 화폐경제를 집중적으로 연구하는 과정에서 역사적 배경
을 이해하기 위해서는 조선후기 이전 시기와 이후 시기의 화폐경제
발전과정을 이해하는 것이 수반되어야만 한다. 따라서 고대에서부터
조선전기에 이르는 시대의 화폐경제 발전에 대해서도 관심을 가지고

　　　　1985 ;「실학자 우정규의 화폐경제론」,『홍익사학』2, 홍익사학회, 1985 ;「조
　　　　선후기 관료학자 서영보의 화폐경제론-정약용의 화폐경제론과 비교검토-」,
　　　　『동방학지』54・55・56, 동방학연구소, 1987 ;「취석실 우하영의 화폐경제
　　　　론」,『최영희선생화갑기념 한국사학논총』, 1987 ;「조선후기 농촌지식인의 광
　　　　업론-취석실 우하영의 광업론을 중심으로-」,『손보기박사정년기념 한국사
　　　　학논총』, 1988 ;「성호 이익의 상업제한론」,『인문과학』59, 연세대 인문과학
　　　　연구소, 1988 ;「관료학자 김신국의 화폐경제론」,『차문섭교수화갑기념논총
　　　　조선시대사연구』, 1989 ;「한국근세기 실학자의 화폐경제론 발전에 대한
　　　　고찰-실학자의 화폐경제론 발전을 중심으로-」,『동국역사교육』2, 동국역사
　　　　교육회, 1990 ;「오주 이규경의 화폐경제론」,『동양학』21, 단국대 동양학연구
　　　　소, 1991 ;「오주 이규경의 상업론」,『실학사상연구』3, 무악실학회, 1992 ;「한
　　　　국 근세후기 고급관료 김이양의 화폐개개혁론」,『김창수교수화갑기념 사학논
　　　　총』, 1992 ;「정유 박제가의 화폐론」,『남도영박사고희기념 역사학논총』,
　　　　1993 ;「농포자 정상기의 화폐경제론」,『김갑주교수화갑기념논총』, 1994
　　　　;「기은 박문수의 화폐경제론-관료들의 화폐경제론과 비교 검토-」,『실학
　　　　사상연구』5・6, 무악실학회, 1995 ;「한국 실학사상 이해를 위한 일 시론-실
　　　　학자의 화폐경제사상 발전을 중심으로-」,『홍이섭의 삶과 역사학』, 혜안,
　　　　1995 ;「해금 오달운의 화폐경제론」,『동국사학』31, 동국사학회, 1997.
　　3) 원유한,『조선후기 실학의 생성・발전 연구』, 도서출판 혜안, 2003 ;「실학사상
　　　　연구시각의 모색을 위한 시론」,『실학사상연구』7, 무악실학회, 1966 ;「개성,
　　　　조선후기 실학사상의 요람」,『동국역사교육』4, 동국대 역사교육과, 1997 ;
　　　　「한국실학 이해시각의 확대를 위한 시론」,『동국역사교육』5, 동국대 역사교육
　　　　과, 1997 ;「실학 위치의 확대인식」,『실학사상연구』13, 무악실학회, 1999 ;
　　　　「실학 요람으로서 개성의 위치」,『충북사학』11・12 합집, 충북대학교 사학회,
　　　　2000 ;「한국실학의 개념 모색」,『실학사상연구』14, 무악실학회, 2000.

분석 고찰을 시도하였다.4) 뿐만 아니라 조선후기 이후의 화폐경제 발전을 전망하기 위해 조선말기의 화폐경제 발전과정을 분석 고찰하기도 하였다.5) 지금까지 연구결과를 바탕으로 한국 화폐사(고조선~조선말기) 발전단계를 다음과 같이 시기 구분할 수 있을 것이다.

① 고대의 화폐사 : 화폐 생성기(고조선~10세기 말) ② 고려시대의 화폐사 : 화폐유통 시도기의 전반(10세기 말~14세기 말) ③ 조선전기의 화폐사 : 화폐유통 시도기의 후반(14세기 말~16세기 말) ④ 조선후기의 화폐사 : 화폐경제 성장발전기(17세기 초~19세기 60년대) ⑤ 조선말기의 화폐사 : 근대 화폐제도 수용기(19세기 60년대~20세기 초) 등으로 구분할 수 있다. 한국 화폐사의 발전시기를 구분하면서 한국 화폐사의 체계를 구상하게 되었고, 그간의 연구성과를 정리 보완하여 미숙한『한국 화폐사』(한국은행 발권국, 2006)의 저술을 시도한 바 있다. 이 책은 위『한국 화폐사』의 '조선후기의 화폐사 : 화폐경제 성장

---

4) 원유한, 「한국 화폐발달사(1)-고대편」,『실학사상연구』27, 무악실학회, 2004 ;「한국 화폐발달사(2)-중세편」,『실학사상연구』28, 무악실학회, 2005 ;「조선전기 화폐사」,『서울육백년사(1)』, 서울시사편찬위원회, 1977 ;「조선전기의 화폐유통 정책」,『한국사론』11, 국사편찬위원회, 1982 ;「조선전기 화폐사의 역사적 위치」,『박물관휘보』6, 서울시립대학교 박물관, 1995 ;『한국 화폐사』, 한국은행 발권부, 2006.

5) 원유한, 「당오전고」,『역사학보』35·36, 역사학회, 1967 ;「전환국고」,『역사학보』37, 역사학회, 1968 ;「이조말기 독일로부터 근대 조폐기술도입에 대하여」,『김재원박사회갑기념논총』, 1969 ;「대원군 집권기의 화폐정책에 대한 고찰」,『사회과학연구』1, 한국사회과학연구회, 1973 ; "An Observation on Monetary Policy of Taewongun in Power", *Journal of Social Sciences and Humanities* No 39, 1974 ; "A Study on Introduction of German Coinage Techniques to Korea", *Korea Journal* Vol 14, No 11, 1974 ;「조선말기의 화폐사」,『서울육백년사(3)』, 서울시사편찬위원회, 1979.

발전기(17세기 초~19세기 60년대)' 부분의 내용을 보완, 정리한 것이다.

한국사 발전과정에서 볼 때 중세사회 해체 내지 근대사회의 맹아 발생기로 평가되는 조선후기의 화폐사는 대체로 왜란 직후인 17세기 초부터 19세기 60년대에 이르는 시기를 포괄한다. 조선후기에는 고려시대 및 조선전기에 철전·저화·동전 등 각종 명목화폐의 유통 보급을 시도하는 과정에서 축적된 역사적 경험을 기반으로 하여 동전을 주조, 유통하기 위해 화폐정책을 적극 추진하였다. 그리하여 화폐경제 성장발전기 전반(17세기 초~17세기 50년대 말)에는 전란으로 파탄에 직면한 국가재정을 조달하기 위한 방편으로서 해서체(楷書體) 조선통보(朝鮮通寶)·팔분체(八分體) 조선통보·십전통보(十錢通寶) 등을 주조하고, 중국 동전을 수입하여 유통 보급을 거듭 시도하였다. 그 후반기부터는 국가재정을 조달하면서, 상공업의 발달 등 제반 사회생산을 증진시키기 위해 동전[常平通寶]을 계속 주조 유통함으로써, 17세기 말엽에는 동전이 국가의 유일한 법화(法貨)로서 유통기반을 이룩하였다. 이후 동전은 공·사경제에 널리 통용되어, 유통영역은 전국 각 지방으로 확대되는 동시에 각 계층의 화폐가치 인식은 심화되었다. 이처럼 화폐경제가 성장 발전하게 되자, 조선왕조의 전통적인 성리학 중심 가치체계와 농업 중심 생산양식 등 제반 『경국대전』적 사회질서의 해체 내지 근대지향적 발전은 촉진되었다. 이로써 조선후기 화폐사는 한국 화폐사 발전과정에서 볼 때 중요한 역사적 의의를 가진다고 할 수 있다.

　　저자는 앞에서 지적했듯이 조선후기 화폐사가 점하는 역사적 위치
의 중요성을 주목하고 집중적으로 연구 정리, 1975년에 『조선후기
화폐사연구』(한국연구원, 한구연구총서 29)를 박사학위논문으로 제출
하였고, 그 내용을 정리 보완하여 위 『한국 화폐사』 '조선후기의 화폐사'
부분을 작성하였던 것이다.

　　이 『조선후기 화폐사』에서는 화폐유통의 배경, 화폐주조 사업, 화폐
유통 정책과 그 영향, 화폐경제 발전단계, 화폐사상 발전, 조선후기
화폐사의 역사적 의의 내지 위치 등을 살펴보고자 한다.

Ⅱ. 화폐유통의 배경

조선후기 화폐사의 내용을 보다 본질·심층적이고 포괄적으로 이해하기 위해서는, 먼저 조선왕조가 동전유통 정책을 적극 추진하게 된 배경을 다각적으로 살펴보는 것이 필요할 것이다.

양란 이후 명분 등을 중시하는 덕치(德治)·예치(禮治) 중심의 왕도사상(王道思想)이 가진 한계를 보완하기 위해 공리(功利)를 중시하는 정치(政治)·형치(刑治) 중심의 패도사상(覇道思想)의 부분적 수용을 시도하였다.[1] 무본억말책의 한계를 보완하기 위해 이말보본책(以末補本策)을 추구하여 농업을 위축시키지 않는 범위 내에서 상업 진흥을 시도하였다. 성리학 중심의 가치체계와 농업 중심 생산양식의 해체로 엄격히 고정화된 전통사회 신분질서의 해체 내지 평등지향의식이 생성되었다. 상위 신분계층에 편중되어 있던 문화향유권이 보편화되면서 서민화 지향 의식이 생성되었다. 양란 이후 중국에서는 명·청 교체가 이루어지고, 일본에서는 중앙집권적 지배체제가 강화되는 동시에 국내에서는 성리학적 통치이념에 바탕을 둔『경국대전』적 제반 사회질서

---

1) 원유한,『조선후기 실학의 생성 발전 연구』, 혜안, 2003 참조.

의 본질적 변화가 일어나고 있었다. 청·일 양국과의 국제관계가 비교적 안정됨으로써, 폐쇄적이었던 국제질서에 개방 지향적 변화가 일어났다. 이로 인해 청·일과의 무역이 비교적 활발히 이루어지는 한편, 반성리학적 성격을 띤 고증학과 천주교 등이 전래되었다.

이처럼 전통 조선왕조는 양란 이후 성리학 중심 가치체계와 농업 중심 생산양식 등 『경국대전』적 제반 사회질서의 해체가 촉진되고 있는 과정에서 국가경제 내지 국가재건 정략의 일환으로서 북학을 포괄하는 개경학(開京學)을 수용하였다. 개경학은 반성리학적 성격을 띤 양명학 및 고증학·서학(천주교) 등과 직접·간접적 관련을 가지며 확대 발전하였고, 마침내 유형원(柳馨遠)에 의해 국지적 학문의 성격을 벗어나 조선후기 실학으로 학문적 체계를 이루었다.[2] 조선왕조는 양란 이후 정치·경제·사회·문화·국제관계 및 사회사조 등 전통사회 질서 전반에 걸쳐 본질적 변화가 일어나고 있는 전환기를 배경으로 하여 이용후생(利用厚生) 실천의 한 방안으로서 동전유통 정책을 적극 추진하였다. 동전유통 정책을 적극적으로 추진하게 된 시대적 배경을 다음과 같은 몇 가지 사실로 정리할 수 있을 것이다.

첫째, 동전유통의 배경으로서 선행 시기의 화폐유통에 대한 역사적 배경을 들 수 있다. '화폐유통 시도기의 전·후반'에 해당하는 고려시대와 조선전기에는 명목화폐를 법화로 유통시키는 것을 궁극적 목표로 하여 철전·동전·저화 등의 유통을 거듭 시도하였다. 그 중 어느 것도 지속적으로 법화로서의 역사적 기능을 다하지 못하였다. 그러나

---

2) 앞의 책 참조.

시행착오를 되풀이하였던 고려시대와 조선전기의 제반 화폐유통 정책은 조선후기의 화폐정책 입안 및 시행 과정에서 축적된 선험적 경험으로서 직접·간접적으로 활용되어 화폐경제의 성장 발전을 가능하게 하였던 것이다.[3]

둘째, 민족통일국가 완성기에 해당하는 조선왕조는 전통적으로 국가통치권의 중앙집중화를 원칙으로 하였기 때문에 '이권(利權)은 상(上, 국왕 또는 국가)에 있다.'고 하거나 '이권이 백성에게 있는 것은 옳지 않다.'[4]라고 했듯이, 모든 이권은 국가에 귀속되고 민중에게 돌아가서는 안 된다고 하였다. 그리하여 조선왕조는 초기 이래로 '이권재상(利權在上)' 또는 '화권재상(貨權在上)'이란 원칙론을 내세워 민중이 생산하고 지배하는 포와 미 등 물품화폐 유통체제를 극복하고, 국가가 화폐에 대한 지배권을 장악하기 위해 저화 및 동전을 법화로 유통 보급하고자 하였다. 이와 같은 조선왕조의 전통적인 화권재상의 원칙론은 조선후기에도 준용되어 왕조당국은 민중이 지배하는 포와 미 등 물품화폐 유통체제를 극복하고, 동전을 법화로 주조 유통함으로써 화폐에 대한 일체의 지배권을 장악하고자 하였다. 당시 당로자나 실학자 등은 동전의 주조 유통은 국가재정과 민중생활을 유족하게 하는 양법(良法)으로서 국가가 마땅히 갖추어야 할 제도라고 보았다.[5]

셋째, 왜란을 전후해 전통 조선사회의 중세적 관영상공업 체제가

3) 원유한, 『한국 화폐사』, 한국은행 발권국, 2006 참조.
4) 『태종실록』 권6, 태종 3년 9월 을유 ; 앞의 『조선후기 화폐사 연구』 참조.
5) 앞의 『한국 화폐사』 참조.

와해된 반면 전업적(專業的) 사영수공업의 발달과 함께 서울의 비시전
상업(非市廛商業) 및 지방의 장시(場市) 등 자유상업이 발달하였다.
또한 토지제도의 문란으로 인하여 토지의 사유화 내지 상품화가 촉진
되었으며, 이에 따라 토지 겸병 및 농업의 기업화가 시도되면서 상업적
농경이 증진되었다. 광공업에 있어서는 부역노동에 의한 관영광공업
체제가 붕괴되고, 부상대고 등 민간인이 자본을 투입하는 민영화가
모색 시도되고 있었다. 전통사회 신분질서의 변동이 일어나 양반도
생업에 종사해야 한다는 의식이 확대되었다. 이처럼 사회 제생산과
상품유통의 발전이 급진전되는 등 상품교환경제가 발전하게 되자,
이와 상호보완 관계를 가지며 대동법이 확대 시행되었다. 대동법의
실시로 상품교환경제 발전이 촉진됨에 따라서 빈약한 농업생산에 기반
을 두고 있던 당시의 유통계에서 주요 통화기능을 발휘한 미·포 등
물품화폐와 칭량은화의 한계를 극복하고 상품교환경제 내지 사회생산
력을 증진하기 위해 동전유통의 필요성은 증대되었던 것이다.6)

　넷째, 조선왕조는 국가경제 재건책의 일환으로서 동전을 유통하고
자 하였다. 조선전기의 과전법은 사전의 확대를 방지하고 집권적 토지
지배 관계를 재정비하여 강화하는 데 목표를 두고 있었다. 그러나
과전법 자체에 이미 사전 확대의 요인은 내포되어 있었다. 15세기
중엽에는 과전법의 모순이 이미 표면화되어 조선왕조에 심각한 문제점
으로 제기되었다. 사전의 수급자들은 공공연히 사전확대 운동을 전개
하기 시작했고, 사전 및 공신전으로 지급할 토지가 부족하여 관료들에

---

6) 앞의 『조선후기 화폐사연구』 참조.

게 무주전(無主田)이나 미간지(未墾地)의 점유를 허락하게 된 결과 양반
관료들은 앞을 다투어 무주전 점령과 미간지의 개간에 착수하였다.
개간된 토지는 양반 지배층의 사적 소유지가 되어 일부는 자영되기도
했으나, 대부분의 토지는 농민에게 대여되어 소작되고 있었다. 수조지
의 사유화 및 사유지의 확대는 왜란을 기점으로 하여 더욱 현저히
진전되었다. 이로써 왜란을 겪고 난 17세기 초에는 전국의 전결 수가
왜란 전에 비해 3분의 1로 감축되기에 이르렀다. 국가재정 보완과
농민생활 안정을 위한 재원 확보의 응급성에 비추어 가장 짧은 시일
내에 가장 많은 재화를 마련하기 위해서는 명목화폐인 동전을 주조
유통하는 것이 최선의 방법으로 논의되었다. 이로써 조선왕조는 왜란
이후 위기에 직면한 국가경제 재건의 필요성에 부응해서 전조(田租)
및 공납제 등 수취체제의 재정비를 시도하는 한편, 동전을 주조 유통시
키고자 하였던 것이다.[7]

다섯째, 동전유통의 배경으로 개성지방에서는 동전이 원활히 유통
되고 있었다는 사실을 들 수 있다. 개성은 고려왕조 470여 년 동안의
도읍지로서 정치·경제·문화 등 제반 문물제도의 중심지였다. 개성은
송(宋)을 비롯한 일본·거란·여진 및 멀리 아라비아와도 빈번한 무역
거래가 있었으며, 고려왕조가 10세기 말 철전을 주조 유통한 이래
은화·동전·저화 등 각종 화폐의 유통을 거듭 시도한 중심지이기도
하였다. 조선왕조에 들어와서도 개성은 중국 상품이 서울로 반입되는
길목으로 국제무역이 비교적 활발히 이루어졌다. 그리고 고려왕조의

---

7) 앞의 『한국 화폐사』 참조.

유민(遺民)은 신왕조와 타협하지 않고 상업을 통해 활로를 개척하려 했기 때문에 상업도시로 발달할 수 있게 되었다. 그리하여 개성상인(開城商人)인 송상(松商)은 일찍부터 만상(灣商)·내상(萊商)·강상(江商) 등과 함께 활발한 상업 활동을 전개하여 한국 상업발달사에서 중요한 위치를 차지하게 되었다. 이처럼 일찍부터 상업이 발달한 개성지방에는 화폐를 수용할 수 있는 잠재력, 즉 화폐수용 가능성이 국내의 다른 어떤 지방보다도 컸다. 왜란 이후 왕조당국은 17세기 초부터 동전을 유통 보급하기 위해 화폐정책을 적극 추진했으나 시행착오만 되풀이되다가, 1640년대에 이르러서야 개성을 중심으로 한 인근 지방에서 동전이 원활하게 유통되었다. 이와 같이 개성지방은 일찍부터 상업이 발달하여 화폐수용을 위한 잠재력이 큰 것으로 판단되었고, 따라서 동전이 국내의 다른 지역보다 일찍 통용될 수 있었다. 그리고 강화(江華)·풍단(豊湍)·교동(喬桐)·연백(延白) 등의 인근 지방을 화폐유통권으로 포섭하게 되었다. 이로써 왕조 당로자나 당시 화폐문제에 대해 관심을 가지고 있던 지식계층에서는 국내의 다른 지방에서도 동전이 유통될 수 있을 것이라는 신념을 가지게 되었다.[8]

여섯째, 양란 이후 사상적 변천을 보면, 명분 등을 중시하는 덕치·예치 중심의 왕도사상이 가진 한계를 보완하기 위해 공리를 중시하는 정치·형치 중심의 패도사상을 부분적 수용하는 동시에 무본억말책의 한계를 극복하기 위해 이말보본책이 시도되었다. 이와 같이 국가경제 내지 국가재건 정략의 일환으로서 북학을 포용한 개경학이 수용되어,

---

8) 『비변사등록』 34, 숙종 4년 1월 23일 ; 원유한, 「실학자의 화폐경제론」 ; 원유한, 『조선후기 실학의 생성 발전연구』 ; 원유한, 『한국 화폐사』 참조.

확대 발전되면서 조선후기 실학으로 학문적 체계를 이루었다. 개경학이 조선후기 실학으로 전승 발전하는 과정에서 개경학이나 실학이 공통적으로 중시한 이용후생의 실천방안의 하나로서 은광개발·대동법 실시 등과 함께 동전주조 유통이 시도되었던 것이다.9)

　일곱째, 중국 측의 영향을 들 수 있다. 고대사회도 그러했지만, 비교적 확실한 자료를 찾아 볼 수 있는 고려시대나 조선전기에 철전·동전·은화 및 저화 등 각종 화폐를 유통시키고자 한 중요한 동기의 하나로서 일찍부터 화폐경제가 발달한 중국으로부터 직접·간접적인 영향을 받고 있었다는 점을 들 수 있을 것이다. 이와 같은 역사적 사실은 조선후기에도 동전을 유통 보급하기 위한 화폐정책의 시행과정에서 중국으로부터의 영향을 받지 않을 수 없었다는 점에서 예외가 될 수 없었던 것이다. 조선왕조가 왜란 이후 동전의 유통 보급을 시도하는 과정에서는 채택하여 실시하고자 한 화폐제도는 중국의 화폐제도에 기초를 두었고 동전주조 기술 역시 10세기 말 경에 중국으로부터 도입되어 19세기 말까지 계속 활용되었으며, 중국 동전을 직접 수입하여 유통하기까지 하였다. 그리고 중국에서 일찍부터 화폐경제가 발달되고 있다는 사실은 당시 당로자들이 국내에서도 화폐유통이 가능하리라는 신념을 가지게 하였다.10)

　여덟째, 양란 이후 청·일과의 관계는 안정되어 양국과의 공·사교역(公·私交易) 거래는 비교적 활발해졌다. 대청관계에서는 두 차례의

---

9) 앞의 책 참조.

10) 앞의 『조선후기 화폐사연구』 참조.

호란을 겪은 이후, 비교적 안정기에 들어섬에 따라 화폐경제가 발달한 청과의 사이에 공·사무역이 활발하게 이루어졌다. 이처럼 여러 가지 형태의 대청교역을 통해 거기에 직접·간접으로 관계를 맺고 있던 각 계층의 화폐가치 인식은 보다 심화되었고, 수입된 사치품 중심의 중국 상품은 국내 유통계를 자극하여 명목화폐의 수용을 위한 잠재력을 증진하였던 것으로 짐작된다. 일본과의 무역거래를 통해서는 은과 동을 비롯한 각종의 원료재가 수입되었는데, 그 중 특히 주요 화폐원료인 동이 대량 수입되어 당시의 화폐정책 운용 내지 화폐경제 발전에 크게 기여하였던 것이다.11)

아홉째, 왜란 중 명군이 다량의 은을 반입하여 군사비에 충당하자 조선군에서도 칭량은화를 군사비로 사용하게 됨으로써 왕조 초기 이래 통용을 금지했던 칭량은화의 국내 유통을 허용하였다. 이로써 칭량은화는 국내의 공사 유통계에 널리 유통 보급되어 동전이 법화로서 유통 기반을 이룩하는 데 기여하였다.12)

열째, 양란 이후 인구가 급증하였는데, 이 같은 인구의 증가 현상은 전통 조선사회의 제반 사회생산력을 증진시키는 동시에, 증가된 인구를 수용하기 위해 무본억말적인 중세적 생산양식을 비판 극복하는 요인이 되기도 하였던 것으로 보인다.13)

---

11) 원유한, 「조선후기 동전 원료의 공급형태」 참조.

12) 원유한, 「이조 숙종대의 주전동기」 ; 원유한, 『한국 화폐사』 참조.

13) 원유한, 「조선후기 금속화폐 유통정책—17세기 전반의 동전유통시도기를 중심으로—」.

Ⅲ. 화폐의 주조 발행

1. 주조 관리체계

조선후기에 있어서 법화인 동전의 주조 사업은 국가의 큰 이권 사업의 하나였기 때문에 호조에서 집중적으로 관리 운영하는 것을 원칙으로 하여 관리체계의 획일화를 시도하였다. 그러나 왕조당국이 의도하는 바와는 달리, 화폐주조 사업은 각 중앙 관청뿐만 아니라 지방관청 및 군영에서도 운영될 수밖에 없었다. 뿐만 아니라 국가의 재정 궁핍을 해결하기 위해 주전 기술자들에게까지 사사로이 화폐주조를 허가해 주게 되었다. 이에 따라 부민(富民)·부상(富商) 등 민간인들이 국가의 화폐주조 사업에 자본을 투입하는 길이 열렸고, 마침내 민간인들에게 화폐주조 사업을 도급(都給)해 주기까지에 이르렀다.

가. 화폐주조 관리체계의 획일화 시도

중앙집권적 조선왕조는 화권재상(貨權在上)의 명분을 내세웠다. 따라서 법화인 동전은 국가의 중요한 보배이므로 화폐에 대한 일체의 지배권은 국왕에게 있고, 일반 민간인에게 귀속될 수 없다는 점을 강조하였다.[1] 그리하여 가급적이면 지방관청에서 화폐를 주조하는 것까지도 허락하지 않았다.[2] 왕조당국은 호조로 하여금 화폐주조 사업을 전관하게 함으로써 동 사업의 관리체계를 획일화하려고 했다.

그러나 17세기 전반기에 들어서서 조선왕조는 상평청·훈련도감 및 각 지방관청에서 화폐를 주조 발행할 수 있도록 함은 물론 민간인에게 화폐주조를 허가하고, 심지어 중국 동전을 직접 수입 유통하기까지 하였다. 이처럼 17세기 전반기에는 왕조당국의 화폐정책이 동전을 법화로 유통 보급시키는 데 중점을 두고 시행되었기 때문에, 중앙에서 집중적으로 관리 감독하려는 원칙 유지를 중요하게 생각하지 않았던 것으로 보인다.[3]

17세기 초부터 의욕적으로 추진된 왕조당국의 화폐정책은 1650년 대에 중단되었다가 20여 년 뒤인 1670년대부터 적극적으로 시행되었다. 왕조당국은 동전이 일반 유통계에서 법화로서 제반 화폐 기능을 발휘할 수 있게 되자, 거의 만성적으로 궁핍한 국가재정을 보완하기 위해서 중앙관청·지방관청 및 군영으로 하여금 화폐를 주조 발행하게 하였다.[4] 그러나 동전이 이미 유통 보급 초기 단계를 지나 일반 유통계에서 제반 화폐 기능을 계속 발휘할 수 있다는 확신을 가지게 되면서,

---

1) 『비변사등록』 47, 숙종 19년 7월 4일 ; 『영조실록』 권55, 18년 6월 신묘 ; 『일성록』, 철종 1년 8월 21일.

2) 『비변사등록』 49, 숙종 21년 10월 2일.

3) 『비변사등록』 47, 숙종 19년 7월 4일 ; 『비변사등록』 121, 영조 26년 5월 24일 ; 『정조실록』 권20, 9년 7월 정사 ; 원유한, 「조선후기 금속화폐 유통정책 −17세기 전반의 동전유통시도기를 중심으로−」 참조.

4) 원유한, 「이조 숙종시대의 주전에 대하여」 ; 「이조 숙종대의 주전동기」.

왕조당국은 전통적인 '화권재상'의 명분을 내세워 화폐주조 사업을 철저하게 감독하는 화폐정책을 시도하게 되었다. 이는 1693년(숙종 19) 7월에 왕조당국이 "동전은 국가의 중요한 보물이기 때문에 결코 아무나 그 이권을 차지할 수 없고, 여러 기관에서 일시에 동전을 주조하게 되면 화폐 원료의 값이 급등하며, 화폐의 불법 주조가 성행하고, 화폐의 품질이 조악해진다"는 이유로 화폐주조 사업을 호조와 상평청으로 하여금 전관하게 한 사실로서 짐작할 수 있다.5) 이처럼 동전이 법화로서 계속 통화 기능을 발휘할 수 있게 되자, 동전의 유통 보급을 장려하는 데 중점을 두어 온 당시의 화폐정책에서 국가 관할권을 강화하는 방향으로 수정하려고 한 것이다.

　그러나 국가의 화폐주조 사업을 호조와 상평청에 전관시키기로 결정한 방침은 1694년(숙종 20)에 어영청, 이듬해에 경상·전라·평안도 감영에 화폐주조를 허가하게 됨으로써 지속적으로 실현될 수 없었다. 왕조당국은 계속해서 1742년(영조 18)에는 개성·통영과 함께 경상·전라·함경·평안도 감영에 화폐주조를 허가하기에 이르렀다.6) 이는 거의 전국에 걸친 한·수해에 대한 구호비나 응급한 군사비 조달과 같이 짧은 기간 내에 다량의 재화를 확보하기 위함이었다. 주전(鑄錢) 시설의 불충분, 원료 확보의 어려움, 운반상의 애로점 등으로 인해 호조와 상평청에 의한 화폐주조 사업의 전관 원칙은 지켜질 수 없었고, 마침내 왕조당국은 각 중앙관청, 군영 및 지방관청에 화폐주조를 허가

---

5)『비변사등록』 47, 숙종 19년 7월 14일.

6) 원유한,「18세기에 있어서의 화폐정책-동전의 주조 중심-」.

하지 않을 수 없게 되었던 것이다.[7]

그러나 중앙집중에 의한 화폐주조 관리체계의 획일화 문제는 1750 년(영조 26)에 다시 시도되었다. 화폐의 주요 원료인 동의 값이 급등하는 폐단을 억제한다는 이유로 '주전청(鑄錢廳)'을 설치하여 호조와 진휼청으로 하여금 화폐주조 사업을 담당하게 하였다.[8] 이와 같은 조치를 취한 1750년은 왕조당국이 동전유통 문제와 함께 당시의 조정에서 중요한 정책 문제로 논란되고 있던 양역(良役)의 합리적 운용을 목적으로 '균역청'을 설치한 해였다. 양역의 개혁을 위해 균역청을 설치한 해에 호조와 진휼청으로 하여금 화폐주조 사업을 관장하도록 주전청을 설치한 것은 설치 연대의 우연한 일치로만 볼 수는 없다. 이것은 당시의 왕조 당로자들이 화폐유통 문제를 양역 문제 못지않게 중요시하고 있었고, 양역이나 화폐 문제는 거의 동일한 비중의 정책 과제로서 개혁이 모색되고 있었다는 사실을 의미하고 있는 것이다.

그러나 왕조당국이 화폐주조 사업을 중앙에서 집중적으로 관리하기 위해 시도했던 조치도 1년 뒤인 1751년(영조 27)에 금위영·어영청·훈련도감 등 삼군영에 화폐주조를 허가하여 줌으로써 곧 중단되고 말았다. 뒤이어 1753년(영조 29)에 통영, 1757년(영조 33)에 총융청, 1765년(영조 41)에 금위영 및 1774년(영조 50)에는 어영청에서도 화폐를 주조 유통하도록 하였다. 이처럼 1751년(영조 27)부터는 주로 각 군영에서 화폐를 주조 발행하고 있었는데, 대체로 조선후기에 왕조당

---

7) 원유한, 위의 논문.

8) 『비변사등록』 121, 영조 26년 5월 24일.

국이 각 군영으로 하여금 비교적 빈번하게 화폐를 주조 발행하게 한 이유는 다음과 같은 점에 있었던 것으로 보인다.9)

첫째, 당시 조선왕조는 제반 국가정책에 우선하는 국방정책을 수행하는 과정에 필요한 군사비 조달의 응급조치로써 각 군영으로 하여금 화폐를 발행하게 하였다.

둘째, 대체로 각 군영에는 군기(軍器) 제조 원료 등 군사적 수요에 충당하기 위해서 언제나 다소의 동을 비축하고 있었으므로, 그것을 곧 화폐 원료로 전용할 수 있었기 때문에 원료 공급이 비교적 용이했다.

셋째, 군기 제조 등에 종사하기 위해서 각 군영에 소속되어 있는 금속 기술자를 화폐주조 기술자로 사역시킬 수 있었다.

넷째, 각 군영은 군영 특유의 조직력과 엄격한 군율로서 화폐주조 사업을 설행하는 과정에서 파생되는 여러 가지 폐단을 철저히 통제할 수 있었다.

조선왕조는 1785년(정조 9) 9월에 이르러서야 마침내 호조로 하여금 국가의 화폐주조 사업을 전관하게 하였다.10) 정조는 왕권이 비교적 강화되었던 선왕(先王) 영조 이래의 여러 가지 국가정책을 보완하거나 강화하여 시행하려고 하였다. 따라서 화권재상의 명분론에 입각하여 선왕이 추구해 온 화폐주조 사업 관리체계의 획일화 시도가 정조조에 실현될 수 있었던 것은 지극히 당연한 것이다. 1785년에 국가의 화폐주조 사업이 호조 전관사업으로 결정된 이후 1785년, 1791년, 1793년,

---

9) 원유한, 「18세기에 있어서의 화폐정책-동전의 주조 중심-」.

10) 『정조실록』 권20, 9년 7월 정사.

1795년 및 1798년(정조 22)에 호조는 화폐주조 사업을 설행하였다.[11] 이와 같이 호조 전관의 화폐주조 사업의 활성화 시기에 있어서 실학자 정약용은 관료 생활을 통해서 얻은 경험과 지식을 토대로 하여 독립된 상설 조폐기관인 '전환서(典圜署)'를 설치하여 운용할 것을 제의하였다.[12] 정약용이 상설 조폐기관으로서 전환서를 설치하여 운용할 것을 제의한 사실은 당시 화폐주조 사업 체계의 획일화 문제가 절실하게 요청되고 있는 상황을 대변해 주는 것으로 볼 수 있다.

왕조당국은 호조의 화폐주조 사업 전관으로 원료비용의 등귀를 억제하면서, 화폐주조 발행과정을 보다 철저히 감독할 수 있게 되었을 것이다. 그러나 국가의 화폐주조 사업을 호조에 전관시키기 위해서는 선행되는 문제점을 해결하여야 했다. 즉 긴급한 국가재정 수요에 충당키 위해 짧은 기간 내에 다량의 화폐를 주조 발행해야 할 경우에 생기는 화폐 원료의 부족, 주전 시설의 미비, 그리고 화폐 원료와 주조된 화폐를 운반하는 데서 초래되는 운수 교통상의 애로를 극복할 수 있어야만 했던 것이다. 이를 극복하기 위한 한 방안으로서 왕조당국은 1788년(정조 12)에 소위 '연례주전제(年例鑄錢制)'의 실시를 결정하였다.[13] 연례주전제는 필요에 따라서 수시로 화폐를 주조 발행했던 종래와는 달리 매년 주기적으로 50,000~60,000냥의 동전을 주조 발행함으로써 화폐주조 사업의 호조 전관에서 파생되는 모순과 불합리성을

---

11) 원유한, 「18세기에 있어서의 화폐정책 ─ 동전의 주조 중심 ─」.

12) 원유한, 「다산 정약용의 발전적 화폐론」, 『역사교육』 14, 역사교육회, 1971.

13) 『비변사등록』 173, 정조 12년 10월 4일.

보완하려고 했다. 그러나 이와 같은 연례주전제도 당초에 계획한 대로
실시되지 못했는데, 가장 중요한 이유는 거의 만성적인 화폐 원료의
공급난에 있었다.14)

　그리하여 국가의 화폐주조 사업을 호조에서 전관한다는 원칙도
순조조부터는 지켜지지 못하였다. 1806년(순조 6)에 선혜청에서 화폐
를 주조한 이후 1860년대에 이르는 동안에 개성부·경기감영·함경감
영·금위영 및 훈련도감 등 호조를 중심으로 한 중앙관청과 지방관청,
그리고 군영에서 화폐를 주조 발행하여 화폐주조 사업의 호조 전관
원칙이 문란해졌다.15) 이처럼 화폐주조 사업의 관리 질서가 문란해진
것은 정치·경제·사회 등 제반 국가질서가 혼란해졌기 때문이었다.

　1864년(고종 1)에 집권한 흥선대원군은 집권 초에 함경도 감영에서
설행되고 있던 화폐주조 사업을 중단시켰다. 그리고 1866년(고종 3)에
당백전을 금위영에서 주조하게 함으로써 종래까지 문란했던 화폐주조
사업의 관리체계를 정비하려 하였다. 흥선대원군 집권기의 모든 국가
정책은 왕권을 강화하여 중앙집권체제를 재확립하는 데 중점을 두었
다. 이러한 시대적 특수성으로 인해 대원군 집권 초에 악화(惡貨)의
상징인 당백전의 주조 유통을 파격적으로 결정하고, 금위영에서 화폐
주조 사업을 관리하게 한 사실은 당연하다고 생각된다.16)

　그리고 1883년(고종 20)에는 독립된 상설 조폐기관으로서 '전환국

---

14) 『비변사등록』 174, 정조 13년 6월 17일.

15) 원유한, 「조선후기 화폐정책에 대한 일고찰―고액전 주용논의를 중심으로―」.

16) 원유한, 「대원군 집권기의 화폐정책에 대한 고찰」.

(典圜局)'이 설치 운용됨으로써 일찍부터 추구되어 왔던 화폐주조 사업 관리체계의 획일화 시도가 제도적으로 정비 실시되기에 이르렀다.[17]

그러나 조선왕조가 화폐주조 사업을 대대적으로 설행하면서 주조 관리체계의 획일화를 위한 원칙은 국가재정의 열악한 상황 때문에 이루어지기 힘들었다. 화폐를 주조할 때에는 사역할 화폐주조 기술자들을 각 관청이나 군영으로부터 동원하였는데,[18] 기술자와 잡역들이 거의 1천여 명에 달하는 경우[19]에는 왕조당국이 노임을 지급할 수 없었다. 따라서 왕조당국의 허락 하에 주전 기술자들에게 사사로이 화폐를 주조하여 사용할 수 있게 함으로써 생활비를 충당하게 하였는데, 이를 협주(挾鑄)라고 하였다.[20] 협주라는 용어는 1798년(정조 22) 3월 화폐 품질의 조악화 방지책을 논의하는 자리에서 사용되었다.[21] 이러한 화폐협주제의 실시는 조선왕조의 재정적 취약성에서 비롯된 것이었다.

화폐주조 기술자들이 화폐를 협주하는 데 필요한 화폐 원료 등 모든 비용은 각자가 부담하였는데, 그들이 모집한 물주인 자본주가 제공한 자본으로 화폐 원료를 구입 충당했던 것으로 보인다.[22] 여기서 물주는 다량의 화폐 원료를 매점하여 관청에 팔지 않고 화폐의 불법

---

17) 원유한, 「전환국고」.

18) 『비변사등록』 90, 영조 7년 10월 5일.

19) 『추관지』 3, 「고율부」, 주전.

20) 『만기요람』 「재용」 4, 협주식.

21) 『정조실록』 권48, 22년 3월 경진 ; 『일성록』, 정조 22년 3월 16일.

22) 『추관지』 3, 「고율부」, 주전.

주조자에게 밀매함으로써 폭리를 노리는 중앙과 지방의 '부상(富商)'이 었거나, 또는 '부민(富民)'일 수도 있다. 이는 실학자 정상기(鄭尙驥)가 화폐주조 사업을 부민에게 도급해 줄 것을 제의한 사실을 통해 추론할 수 있다.23) 그리고 자본을 축적하여 국가의 화폐주조 사업에 투자하였 던 수공업 경영자가 화폐 원료를 화폐주조 기술자에게 공급해 주었을 가능성도 있다.

화폐주조 기술자들은 화폐 원료의 수입이 원활하지 못하고, 국내 생산이 부진하여 화폐 원료의 값이 폭등하게 되면서 종래와 같이 물주 로부터 화폐 원료를 공급받는 일이 쉽지 않았다. 따라서 화폐주조 기술자들은 소위 '발매철(發賣鐵)'이란 명목으로 관청 보유의 화폐 원료 를 지급받아서 화폐를 협주해야만 하였다.24) 이상과 같이 부호 또는 부민으로 알려진 물주가 화폐주조 기술자들의 화폐 협주 과정에 원료 를 공급하는 등 자본을 투입하게 됨으로써, 전통적으로 조선왕조가 지향해 온 화폐주조 사업의 관리 질서는 변질되고 있었던 것이다.

그러나 화폐의 협주는 화폐 품질을 조악하게 하였기 때문에 영·정 조조에는 화폐의 불법 주조와 함께 화폐 협주 역시 엄격하게 금지하려 하였다.25) 그러나 왕조당국의 의지에도 불구하고 화폐 협주에 대한 금지 규정은 실제로는 그대로 적용되지 못했던 것으로 보인다. 당시에 도 여전히 조선왕조가 화폐주조 기술자들에게 노임을 지급할 수 있는

---

23) 『농포문답』, 「거폐막」 ; 원유한, 「농포자 정상기의 화폐경제론」 ; 「동전협주 고」.

24) 『추관지』 3, 「고율부」, 전화.

25) 『비변사등록』 90, 영조 7년 10월 5일.

재력을 확보하고 있지 못하여, 화폐 협주를 묵인할 수밖에 없었기 때문이었다.[26] 그리하여 순조 초(19세기 초)에는 국가에서 화폐를 주조할 때 화폐주조 기술자에게 지급할 요포(料布)가 없어서, 그들에게 '발매동'을 분급하고 동전을 협주하여 생활비에 충당케 했다는 '협주식'이 규정되기에 이르렀던 것이다. 그리고 1850년대에는 화폐협주제가 민간인에 의한 도급 주전제와 함께 활용되어 화폐주조 기술자들은 화폐협주를 통해서 적지 않은 수익을 보게 되었다.[27]

화폐협주는 조선후기의 화폐정책 시행 상에 나타난 일종의 변칙적인 화폐주조 형태에 속하는 것이다. 따라서 화폐협주제의 실시는 국가의 화폐주조 사업에 민간인이 자본을 투입할 수 있는 계기가 되었으며, 민간인에 의한 화폐협주제의 실시는 중앙집권적 조선왕조가 지향하는 화폐주조 관리질서의 변질에 적지 않은 영향을 주었다.

나. 민간인의 화폐 도급 주조

조선왕조가 화폐주조 기술자들에게 화폐를 협주하게 함으로써 국가의 화폐주조 사업에 민간인의 자본이 투입되는 길을 열어 놓았고, 이것은 민간인에 의한 화폐 도급 주전제를 선도하는 데 중요한 역할을 담당하게 되었다. 왕조당국이 화폐주조 사업을 민간인에게 도급해 주게 된 근본적 동기는 화폐주조 사업에 소요되는 경비를 지출할 수 없게 된 국가의 재정 궁핍에 있었다. 조선왕조가 국가재정의 궁핍으로

---

26)『정조실록』권48, 22년 3월 경진 ;『추관지』3,「고율부」, 전화.
27) 원유한,「동전협주고」.

화폐주조 사업에 필요한 거액의 경비를 지출할 수 없게 되자, 민간인들에게 화폐주조를 허락하여 소정의 세금을 거두어들이려고 하였다. 이로 인해 왕조당국은 자본을 화폐주조 사업에 투입하지 않은 채, 비교적 고율의 세금을 징수하여 국가의 응급한 재정 수요에 충당할 수 있었다. 그리고 민간인에게 화폐주조 사업을 도급해 줌으로써 다량의 화폐를 주조 발행하여 일반 유통계에 심각하게 나타난 통화량의 부족 현상인 전황(錢荒)을 극복할 수 있었던 것이다.[28]

한편 자본의 축적이 가능했던 부상이나 수공업 경영자들은 화폐주조 사업과 같은 일종의 특권적 수공업을 도급받아서 운용함으로써 높은 이윤을 취할 수 있었기 때문에 사업을 국가로부터 도급받으려는 욕구는 강렬했다.[29] 왕조당국이 화폐주조 사업을 도급해 주면 국가와 도급받는 민간인이 모두 이롭다는 판단에서 화폐의 도급 주전제를 실시한 것은 조선왕조의 재정적 취약성이 국가의 화폐정책 시행면에 반영된 결과로 보아야 할 것이다. 결국 조선왕조가 민간인에게 화폐주조 사업의 도급을 허가하게 되었던 것은 화폐협주제의 실시와 본질적으로는 동기를 같이 하고 있는 것이다.

이와 같은 화폐 도급 주전제의 실시 동기를 통해서 왕조 당로자들이 화폐주조 사업의 국가 관리 원칙에만 집착하지 않고, 편의와 실리를 추구하는 방향으로 화폐정책의 성격 변화를 일으키고 있었음을 알

---

28) 『비변사등록』 49, 숙종 21년 10월 2일 ; 숙종 21년 11월 21일, 『일성록』, 철종 1년 8월 10일 ; 8월 21일.

29) 원유한, 「이조후기 화폐주조업의 사영화 경향」 ; 「조선후기 화폐정책에 대한 일고찰-고액전의 주용논의를 중심으로-」.

수 있다.

　민간인에게 동전주조를 허락하자는 논의는 1623년(인조 1) 5월 이서(李曙)에 의해서 제기되었다.

　　염장(鹽場)을 널리 설치하면 수만 석의 쌀을 얻을 수 있습니다. 그리고 도독이 보내 온 은을 대명통보(大明通寶)로 바꿔서 돈을 사용할 길을 넓혀 보고자 합니다마는, 그 편리 여부가 어떠할지 모르겠습니다. 그리고 중국에는 사주를 금하는 법이 있습니다만, 우리나라에서는 사주하여 쓰더라도 무방할 듯합니다.30)

　그러나 이 논의는 당시 국가의 화폐정책 전반을 고려해 볼 때 시행되지 못했을 것이라고 생각된다. 이후 1635년(인조 13) 2월에 상업이 발달한 수원과 해주 등지에 동전의 주조 유통을 지시한 내용이 민간인에게 역사상 최초로 화폐주조를 허가한 것이었다.31) 그 해 10월에 실현되지는 않았으나, 지경연 최명길(崔明吉)도 통화량의 부족으로 부진한 화폐유통 정책을 원활하게 추진하기 위해 민간인에게 화폐를 주조하게 할 것을 제의한 일이 있었다.32)

　1650년대 효종조에 접어들면서 왕조당국은 국가재정을 보완하고 농민생활을 안정시키려 하는 등 국가경제의 전반적 발전을 도모하기 위한 일환책으로써 화폐유통 정책을 보다 의욕적으로 추진하였다.

30)『인조실록』권3, 1년 5월 병신.

31)『인조실록』권31, 13년 2월 정묘.

32)『인조실록』권31, 13년 9월 임술.

이때 조선왕조는 다량의 화폐를 주조 발행하기 위한 한 방법으로 민간인에 의한 화폐주조를 적극적으로 시도하게 되었는데, 대표적인 것으로는 1651년(효종 2) 2월에 국왕이 민간인에게 화폐주조를 허가해 주자는 한흥일(韓興一)의 건의를 받아들인 사실이 있다.33) 1650년대의 화폐정책 운용을 거의 전담한 김육(金堉) 역시 민간인에게 화폐주조를 허가해 주는 것을 찬성하였으며, 중앙정부의 허가 없는 지방관청의 화폐주조 유통까지도 권장하였다.34)

1678년(숙종 4)부터 일반 유통계에서 동전이 법화의 기능을 계속 발휘할 수 있게 되자 화폐주조 사업의 수익은 적지 않았다. 조선왕조는 화폐주조 사업의 영리성이 높아지자 궁핍한 국가재정을 화폐주조 사업의 수익으로 보완하기 위해 중앙 및 지방 관청, 그리고 군영으로 하여금 화폐주조 사업을 빈번히 설행하게 하였다. 한편 왕조당국은 일확천금을 노리는 무리들의 불법적인 화폐주조 행위를 사형 등의 엄벌로 다스리려고 하였다.35)

화폐주조 사업은 영리성이 높았기 때문에 자본 축적이 가능했던 부호 또는 상고(商賈) 등에게 있어서는 선망의 대상이었다. 이에 막대한 경비 지출에 자신이 없던 조선왕조는 화폐주조 사업에 소요되는 화폐 원료를 비롯한 거액의 경비 부담을 경제적 여력이 있는 민간인들의

33)『효종실록』권7, 2년 7월 갑신.

34)『잠곡유고』5,「소차(疏箚)」, 호서(湖西)의 산골 고을로 하여금 돈을 주조하게 하기를 청하는 차자(갑오년).

35) 원유한,「이조 숙종시대의 주전에 대하여」;「18세기에 있어서의 화폐정책-동전의 주조사업을 중심으로-」.

출자로 해결해 볼 의도를 가지게 되었다. 1695년(숙종 21)에 강원도 감영에서는 경비를 조달하기 위해 부호나 상고의 재력을 유치하여 화폐를 주조하려 하였다. 그 방법을 보면 부상에게 화폐를 주조하게 하고, 그들로부터 세금을 징수하는 화폐의 도급 주전제를 활용하려 했던 것으로 보인다.36) 동전이 법화로 유통되기 시작한 1678년(숙종 4)에 출생했던 실학자 정상기도 역시 일반 유통계에 나타난 통화량 부족으로 말미암은 사회 경제적 모순과 폐단을 극복하기 위해 중앙과 지방의 부민에게 화폐 도급 주전제를 활용할 것을 제의한 일이 있다.37)

조선후기에 있어서 화폐 도급 주전제의 실시 문제는 1850년대 초부터 더욱 활발하게 논의되었다. 1850년(철종 1)에 강원도 감사 이겸재는 그 해 8월 감영을 원주로부터 춘천으로 옮길 것을 건의하는 한편, 부민에게 동전주조를 허가해 주고 그들로부터 세금을 징수하여 감영을 이전하는 데 소요되는 경비에 충당케 해 줄 것을 요청하였다.

근래에 외도(外道)의 부민은 화폐주조 경비를 자담하고 공가(公家)에 세금을 바치겠다고 계속 호소하고 있다.38)

이를 보면, 당시의 지방 부민들이 얼마나 의욕적으로 화폐주조 사업을 도급 맡으려고 하였는지를 짐작할 수 있다.

36) 원유한, 「이조후기 화폐주조업의 사영화경향」.
37) 『농포문답』, 「거폐막」 ; 원유한, 「농포자 정상기의 화폐경제론」.
38) 『일성록』, 철종 1년 8월 21일.

이처럼 영리성이 높은 특권적 수공업인 화폐주조 사업을 도급받으려는 부민의 욕구가 강렬해지고, 전통적 사회질서의 해체 현상이 정치·경제·사회 등의 각 분야에 심각하게 일어나고 있던 철종 연간에 민간인에 의한 화폐 도급 주조가 성행하였던 것으로 보인다. 이와 같이 1864년(고종 1) 이전에는 공사가 모두 이롭다는 실리적 가치판단에서 부민들의 화폐 도급 주조를 빈번히 허가하게 됨으로써 화폐가 악주(惡鑄), 남발되고 있었다는 사실을 짐작할 수 있다.

1864년 대원군이 집권하면서부터 화폐주조 사업이 국가의 엄격한 관리통제를 받게 되면서, 국가질서가 문란했던 시기에 성행되던 화폐의 도급 주전제는 철저히 배격되었다. 그러나 대원군이 하야한 직후인 1874년(고종 11)에 다시 민간인에게 화폐주조를 도급해 주자는 논의가 일어났고, 1880년대에는 악화 당오전이 민간인의 도급 주조에 의해 대량으로 주조 발행되기에 이르렀다.39)

이상에서 조선왕조가 민간인에게 허가한 화폐의 도급 주조 시행형태는 정확하고 구체적으로 파악되지는 않는다. 단지 몇 가지 자료에 나타난 기록을 통해서 대체적인 윤곽만 파악할 수 있을 뿐이다.

실학자 정상기는 민간인의 동전 사주(私鑄)에 대한 금지령을 풀어서 중앙 및 지방의 부민으로 하여금 그들의 재력에 따라서 화폐를 주조하도록 허가해 주어야 한다는 점을 주장하였다. 그는 국가가 부민에게 그들의 재력으로 동전을 주조하는 것을 허가해 주는 대신 동전을 주조하는 각 점(店)에서는 매월 세금으로 호조 및 각 읍에 30냥씩을

---

39) 원유한, 「동전협주고」 ; 「농포자 정상기의 화폐경제론」.

바치게 하되, 각 읍에서는 다시 그것을 호조에 바치도록 하자고 하였다. 한편 정상기는 부민에게 동전주조를 허가해 주되, 동전의 체재와 품질 면에는 상당한 통제를 가할 것을 제의하고 있다. 그는 중앙에서는 호자(戸字)를, 지방에서는 각기 읍명(邑名)을 동전에 새기게 하고 연철 (鉛鐵) 같은 불순한 금속을 섞는 것을 금지하는 동시에 무게를 정해서 크고 작고, 또는 무겁고 가벼운 차이가 없이 똑같이 주조하게 해야 한다는 점을 강조하였다.40)

이처럼 정상기는 화폐를 부민의 도급 주조를 통해서 발행하되, 체재와 품질의 기준을 통제함으로써 화폐의 유통 과정에 나타나기 쉬운 모순과 폐단을 배제하려 하였다. 또한 그는 부민에 의한 화폐 도급 주조 방식을 항례적(恒例的)인 것으로 활용하려고 한 것이 아니라 허가 후 1년이 지난 뒤에는 다시 종래와 같이 금지하며, 10년 혹은 20년 뒤에 통화량이 부족해지면 다시 부민에게 화폐의 도급 주조를 허가해 줄 것을 제의하였다. 그가 화폐 도급 주전제를 제의하게 된 것은 화폐주조 사업에 민간인의 자본을 활용하여 다량의 화폐를 발행 함으로써 직접적으로는 궁핍한 국가재정을 보완하고, 나가서는 일반 유통계에 나타난 전황의 폐단과 모순을 극복하려는 데 목적이 있었던 것이다.41) 이상에서 살펴본 실학자 정상기가 문집에 기록한 민간인의 화폐 도급 주조에 관한 기록 내용이 당시에 실시된 사실을 표현한 것이었다거나, 그가 제시한 화폐 도급 주전제가 그대로 실시되었다고

40) 원유한,「농포자 정상기의 화폐경제론」.

41) 위의 논문.

생각하기는 어렵다. 그러나 그가 생존한 17세기 말부터 18세기 전반기
에는 지방관청에서 화폐주조를 부호 또는 부상에게 허가해 주고 세금
을 징수하려 하였고, 국가의 화폐주조 사업에 직접·간접적으로 참여
하고 있었다.42) 더구나 실학자들 거의 모두와 마찬가지로 정상기의
학문 내지 사상이 당시 사회현실에 대한 관찰과 비판을 토대로 하여
이루어졌다는 점을 생각하면, 그의 화폐 도급 주전제의 활용론도 당시
화폐주조 사업의 문제에 대한 여론의 한 표현으로 평가할 수 있다.

　1850~1860년대 초에는 지방 부민들이 국가의 화폐주조 사업에
참여하여 영리를 추구하려는 강렬한 의욕을 가졌던 것 같다. 실제로
공사 모두 이롭다는 실리적 가치 판단에서 부민이 빈번히 화폐주조
사업을 허가받아서 화폐를 주조하게 됨으로써 일반 유통계에서는 혼란
이 일어날 정도였다고 한다.43) 국가로부터 화폐주조 사업을 허가받은
민간인들은 화폐주조 시설이나 기구의 일부를 마련하고, 화폐 원료를
준비하여 화폐를 주조하였다. 그리고 소정의 세금을 국가에 바치는
한편 이윤을 추구하게 되었던 것이다. 민간인들이 화폐주조 시설과
기구 및 원료를 스스로 마련했다고 해도 실제로는 국가의 기존 시설과
기구를 활용했고, 국가 보유 원료를 소위 '발매철(發賣鐵)'이란 명목으
로 구입 충당하고 10분의 1을 구전으로 바쳤다. 그리고 관청에서는
화폐 품질 및 체재와 화폐주조량에 대하여 통제를 가하는 등 민간인들
의 화폐주조에 통제를 가하여 화폐주조 과정을 철저히 관리 감독하고

---

42) 『비변사등록』 49, 숙종 21년 11월 21일 ; 원유한, 「동전협주고」 ; 「이조후기
　　화폐주조업의 사영화경향」.

43) 『일성록』, 고종 11년 1월 13일.

있었다.44) 민간인들이 재력을 스스로 마련하여 일종의 특권적 수공업인 화폐주조 사업을 허가받으면, 화폐주조 총량의 26%에 해당하는 액수를 배당 받을 수 있었다. 이것은 국가로부터 화폐주조 사업을 도급받은 민간인의 이익 배당액으로 보아야 할 것이다.45)

1880년대에 행해진 민간인의 화폐 도급 주전의 현황을 보면 우선 민간인들은 국가로부터 화폐를 주조할 수 있다는 허가서를 받는데, 허가서에는 주전로의 대수, 화폐주조 일수 및 매일의 세금액이 기재되어 있었다. 한 대의 주전로에서 하루에 주조할 수 있는 화폐 수량이 거의 일정한 것이기 때문에 주전로의 대수와 주전 날짜 수만으로도 화폐주조를 도급받은 자가 주조하는 화폐 수량은 거의 정확히 파악할 수 있었던 것 같다.46)

이때에는 화폐 도급 주조자가 화폐주조 시설, 기구, 화폐 원료 및 노임 등 일체의 소요 경비를 전담한 것으로 생각된다. 왕조당국은 전혀 경비를 들이지 않고 화폐 도급 주조자로부터 고율의 세금을 받아들일 수 있었던 것이다. 따라서 화폐주조를 도급받은 자들은 많은 이윤을 취할 수 없었던 것으로 보인다. 시대와 경우에 따라서 화폐주조 사업에 소요되는 경비의 다과로 말미암아 거기에서 얻어지는 이윤의 차이가 있었다.

1880년대에는 화폐를 도급 주조하는 자가 국가에 세금으로 100냥

---

44) 『주록(鑄錄)』 ; 유원동, 『조선후기 상공업사 연구』, 1968 참조.

45) 『주록(鑄錄)』.

46) 원유한, 「이조후기 화폐주조업의 사영화경향」.

을 바친다면 88.5냥의 적자를 감수해야 되었다. 이 적자액을 보충하기 위해서는 780냥의 화폐를 더 주조해야 했다.[47] 화폐 도급 주조자들은 보다 많은 수익을 얻기 위해서는 음성적인 방법으로 허가서에 기재된 화폐주조 일수 이외로 화폐주조 시간으로 계산되지 않는 밤을 이용하여 화폐를 주조함으로써 더 많은 화폐를 주조하려 했을 것이다. 이것은 당시의 화폐주조 발행량을 격증시키는 원인이 되었고, 화폐가치를 폭락시킴으로써 일반 유통계에 적지 않은 혼란을 일으키게 되었다.[48]

19세기 초부터는 전통적으로 조선왕조가 지향했던 화폐정책 운용의 기본 방침과는 달리, 국가의 화폐주조 사업 관리체계의 획일화 원칙이 무너짐으로써 중앙 및 지방 관청과 군영에서 화폐를 주조하였던 것이다. 특히 1850~1860년대 초에는 종래의 화폐주조 기술자들이 화폐를 협주한 것에 뒤이어 민간인에게 화폐주조 사업을 도급해 주기까지에 이르렀다.

국가의 화폐주조 사업 관리질서에 나타난 이상과 같은 변화를 통해서 다음과 같이 두 가지 주목되는 점을 지적할 수 있다.

첫째, 왕조 당로자들은 전통적인 정치이념이나 명분에 집착하여 현실성이 없는 화폐주조 사업의 국가관리 원칙만을 고수하지 않고, 실제적 이익을 추구해서 민간인에게까지 화폐주조를 도급해 주는 등 당로자들의 가치관념이 현실화 내지 실제화되고 있는 경향을 볼 수 있다.

---

47) A Korean Mint, *The Korea Review*, 5~8, 1905.

48) 원유한, 「당오전고」.

둘째, 전통적으로 상인 또는 수공업자 계층의 성장 발전은 억제되어 왔는데, 이때에 와서는 그들이 거액의 자본을 필요로 하는 화폐주조 사업을 도급받아서 운영할 수 있었을 만큼 성장 발전하였다. 더욱이 극히 배타적인 국가의 특권적 수공업인 화폐주조 사업의 사영화(私營化) 경향이 두드러지게 나타나고 있는 점이 주목된다. 국가의 화폐주조 사업의 관리 운용 면에 나타난 이상과 같은 몇 가지 사실들은 전통적인 조선사회의 생산양식과 가치관념이 점차 변질되고 있음을 말해주는 한 단면으로 보아야 할 것이다.[49]

2. 화폐주조 발행

조선왕조는 화권재상(貨權在上)의 명분 아래 전기부터 말기까지 꾸준하게 화폐를 주조하여 유통시키고자 노력하였다. 조선전기에는 왜란 이전까지 해서체(楷書體) 조선통보(朝鮮通寶)가 저화(楮貨)와 포화 등과 함께 법화로서 유통되었다. 조선후기에 들어와서는 조선전기에 주조하여 보관 중인 해서체 조선통보를 통용하는 한편 주조 유통을 시도하였다. 뒤이어 팔분체(八分體) 조선통보, 십전통보, 상평통보 등을 법화로 주조 유통하고, 또한 중국 동전을 수입 유통하였다. 이제 왜란 이후 조선후기에 주조 유통되었던 해서체 및 팔분체 조선통보, 십전통보, 상평통보 등의 주조 유통 및 중국 동전의 수입 유통 사실을 살펴보기로 한다.

---

49) 원유한, 「조선후기 동전원료의 공급형태」.

가. 조선통보와 십전통보

17세기 전반기에 최초로 동전을 주조 발행한 것은 1625년(인조 3)이었다. 그해 10월 궁핍한 국가재정을 보완하기 위해서 당시 호조판서 김신국의 건의로 동전주조 유통 문제가 결정되고, 뒤이어 인경궁에 주전청(鑄錢廳)을 설치하고 동전주조사업에 착수하였다.[50] 그러나 이때에 국가의 예장(禮葬)과 중국 사행의 영송(迎送) 등 큰 일이 겹치고 주전 기술자의 동원이 어려워서 시작한 지 몇 개월 만에 중단되었다. 1626년(인조 4) 6월에 이르기까지 겨우 600관(貫), 즉 6,000냥의 동전을 주조하는데 그쳤다.[51] 이때 주조된 동전은 조선초기 세종 때 당(唐)의 동전 '개원통보(開元通寶)'를 본따 주조 유통했던 '해서체 조선통보'였던 것으로 보인다. 위처럼 주조 실적이 부진했던 동전주조 사업도 정묘호란으로 인해 철폐되고 말았다.[52]

1633년(인조 11)에 전란으로 피폐해진 국가재정의 확충을 위하여 호조와 상평청을 중심으로 다시 동전을 주조하기로 결정하였다. 정묘호란 이전 호조에서 주조는 하였으나 미처 유통시키지 못하고 있던 동전과, 매년 수만 근씩 공납되는 일본 동(銅)을 원료로 하여 상평청에서 동전을 주조 유통시키고자 하였다.[53] 왕조당국은 동전 유통에 대한 적극적 의지가 고양되면서 많은 양의 동전이 필요하였고, 운송 상의

---

50) 원유한, 「관료학자 김신국의 화폐경제론」.

51) 『인조실록』 10, 3년 10월 임인 ; 위의 논문 참조.

52) 위의 논문.

53) 『인조실록』 28, 11년 10월 갑술.

<그림 1> 팔분체 조선통보(1633년 제조)

문제를 해결하면서 화폐유통을 장려하는 방법으로 지방 관청에서의 직접적인 동전주조를 생각하게 되었다.

　이와 같은 상황에서 조선전기에 주조 유통되었거나 1626년에 주조한 해서체 조선통보와는 다른 새로운 조선통보를 주조하기로 하고, 중국의 만력통보(萬曆通寶)를 본따 팔분체 조선통보를 주조 유통하기로 하였다.

　호조가 아뢰기를, "…… 신들이 만력통보와 조선통보를 가져다 살펴보니, 만력통보는 무게가 한 돈 너 푼인데 조선통보는 그 부피가 너무 작습니다. 그러니 만력통보의 모양새를 따라 조선통보를 만들되 팔분체(八分體)의 글자로 바꾸어서 새 돈과 헌 돈을 구분하게 하소서.……"54)

---

54)『인조실록』28, 11년 11월 임진.

전란 이후의 재정적 위기로 인해서 조선전기의 해서체 조선통보와
는 달리 팔분체 조선통보를 주조 유통하였던 것이다. 그 이후 1678년
(숙종 4) 상평통보(常平通寶)가 주조 유통되기 이전까지『조선왕조실록
』을 비롯한 각종 관찬기록에 보이는 동전은 모두 팔분체 조선통보를
호칭하는 것으로 보아야 할 것이다.55)

1635년에 착수한 팔분체 조선통보가 얼마나 주조 발행되었는지에
대해서는 자세히 알 수 없으나, 그 성과는 기대에 미치지 못했던 것
같다. 이에 상평청에서는 구체적이고 근본적인 동전 유통 및 보급방안
을 다음과 같이 제의하기도 하였다.56)

첫째, 무릇 물화(物貨)는 근본이 되는 곳이 있어야 쉽게 통행하는
것이니, 시정인(市井人) 가운데 자원하는 자는 별도로 전시(錢市)를
설치하는 것을 들어준다.

둘째, 각사(各司)와 각아문(各衙門) 가운데 속전(贖錢)을 받는 곳은
그 수수료를 당초부터 반드시 돈으로 받도록 할 것을 계하(啓下)한
지 이미 오래되었으나 전혀 거행하지 않고 있다. 백성들이 법을 믿지

---

55)『조선왕조실록』등 각종 관찬 기록의 기사 표기관행으로 볼 때, 당일전(當一錢)
  동전의 전문(錢文)을 조선통보(朝鮮通寶)나 상평통보(常平通寶)로 표기할 경우
  는 동전이 처음으로 주조 유통될 때이거나 전문이 해서체(楷書體)에서 팔분체
  (八分體)로 바뀔 때에 조선통보나 상평통보라는 고유명사로 표기하고, 그 이후
  에는 동전(당일전)이라는 보통명사로 표기된다. 그리하여 조선통보의 전문이
  팔분체로 바뀌기 이전 시기에 동전이라 표기된 것은 해서체 조선통보를, 그리
  고 그 이후 상평통보가 주조 유통되기 이전까지 통용된 동전은 팔분체 조선통
  보로 보아야 할 것이다. 상평통보는 1678년(숙종 4)에 주조 유통되기 시작하여
  300년 가까이 동전으로 호칭되기도 하였다.

56)『인조실록』권31, 13년 7월 임술.

않음이 반드시 여기에서 말미암은 것이니 이제부터는 다시 착실히 거행하도록 한다.

셋째, 돈의 사용은 반드시 저자의 자잘한 물건으로부터 시작해야 하므로 땔감이나 숯·야채 등의 물건을 반드시 돈으로 사고 팔게 하도록 오부(五部)와 평시(平市)에 착실히 분부한다.

넷째, 도성과 외방에 점포를 사사로이 내려는 자는 그 원에 따라 들어준다.

다섯째, 나라에서 매일 매매하는 것으로는 우마(牛馬)만한 것이 없으니 도성에서 소를 매매할 때 그 값은 절대로 다른 물건을 쓰지 말고 오로지 돈만을 쓰게 한다. 만약 사사로이 다른 물건으로 값을 따지는 자는 본청에서 때때로 금령(禁令)을 내어 적발하되 법을 어기는 자는 돈으로 징속(徵贖)한다.

여섯째, 경성에서 팔도에 이르는 길 주변에 있는 각 관아에서는 반드시 점포를 설치하여 돈을 사용할 곳으로 삼게 하였는데, 수령이 이를 대수롭지 않게 여겨 즉시 착실하게 거행하지 않아서 어리석은 백성으로 하여금 국법을 믿지 않게 만들었으나 매우 잘못된 일이다. 이 뒤로는 느슨히 하지 말고 착실히 거행하도록 한다.

그러나 이 제안 역시 현실적이고 합리적이지는 못하였으며, 뒤이어 일어난 병자호란으로 인하여 더 이상의 팔분체 조선통보의 주조사업은 중단되었던 것 같다. 그 이후에는 1650년대 말까지 개성 등 상업이 발달하고 인구가 집중된 지방에서 팔분체 조선통보의 주조 유통이 시도되었던 것이다. 그리하여 왕조당국이 1678년 상평통보를 주조 유통하기 이전까지는 개성을 중심한 인근지역과 국제무역이 발달한

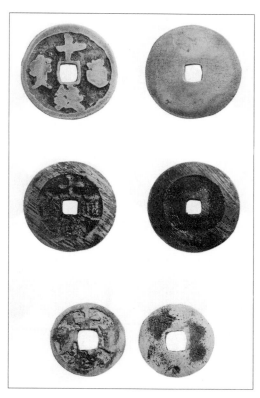

<그림 2> 십전통보(1651년 제조)

평안도 일부 지방에서는 팔분체 조선통보와 중국 동전 등이 통용되고 있었던 것으로 짐작된다.[57]

시간이 흐름에 따라 왕조 당로자들의 동전 유통에 대한 의욕은 더욱 고조되고 동전 유통지역은 확대되어 갔다. 그러나 중앙에서의 동전주조와 분급은 여러 가지 문제점이 있어서, 동전 원료의 공급이 편리하고 주전기술자의 동원이 비교적 용이하며, 동전 유통이 가능한 지역에서 직접 동전을 주조 유통하도록 하였다. 그리하여 1634년(인조 12) 2월에 상평청의 건의로 개성과 경상도 안동지역에서 동전을 주조 유통하게 하였다.[58] 이후 대구·수원·해주 지방으로까지 확대되었던 동전주조 발행의 노력은 병자호란으로

---

57) 본장 주 73) 참조.

58)『인조실록』권31, 13년 1월 정묘 ; 원유한, 「조선후기 금속화폐 유통정책－17세기 전반의 동전유통시도기를 중심으로－」.

68

다시 중단되고 말았다.59) 1644년(인조 22)부터 다시 논의되기 시작한 동전주조 사업은 효종조에 북벌정책을 적극적으로 시행하면서 군비 마련을 위해 군영으로 하여금 동전을 주조하기에 이르렀다.

북벌의 군비 확충 등으로 인한 재정 문제를 해결하기 위하여 1651년(효종 2) 동전의 국내 주조 발행방침을 결정하고, 동래로부터 왜동을 구입하여 훈련도감에서 동전을 주조하다가 상평청으로 이관하였다.60) 그러나 여전히 동전주조의 여건이 열악하여 주조가 활발하지 못하자, 김육의 건의에 따라 왕조당국은 석(錫)을 주원료로 하는 고액동전인 십전통보의 주조를 결정하였다.61) 십전통보는 한국 화폐사상 최초로 주조 유통된 고액전으로 소액동전 10문과 대등한 가치로 통용되었다. 또 하나의 특징으로는 십전통보가 관주(官鑄)로 이루어진 것이 아니라 개성의 민간인에게 사주(私鑄)하도록 허가해 유통되었다는 것이다. 김육이 건의하였던 십전통보의 주조 목적은 화폐 원료난을 극복하면서 보다 많은 유통 가치를 조성하고자 한 것이다. 또한 민간인에게 화폐주조를 허가한 것 역시 많은 화폐를 주조하고자 하는 의도였다.62)

그러나 김육의 건의에 따라 주조된 십전통보는 개성 지역에서는 한때 통용되었을 것으로 짐작되지만, 전국적으로 유통되지는 않았던 것으로 짐작된다. 이후, 특히 18세기에 각종 고액전의 주조 유통문제는 왕조 당로자나 실학자 등에 의해 거듭 제의되어 논의되었다.63)

---

59) 원유한, 「이조 숙종시대의 주전에 대하여」.

60) 『효종실록』 6, 2년 5월 기축.

61) 『잠곡전집』, 잠곡선생연보.

62) 원유한, 「잠곡 김육의 화폐경제사상」.

　　한편 1635년(인조 13)의 선례에 따라 계속 논의되어 오던 대로 1651년(효종 2)부터는 민간인에게도 주전을 허가하였다.64) 더불어 영의정 김육의 주장대로 지방 관청에도 주전을 허락하여 동전 유통을 확대하고자 노력하였다.

　　그러나 동전 부족으로 인해 유통경제의 활성화가 어렵게 되자 중국 동전을 수입하여 사용하려는 노력도 지속적으로 이루어지고 있었다. 동전 유통을 적극 주장했던 김육은 1644년(인조 22) 은으로 중국 동전을 사와서 유통하자고 제의하였으나, 실현되지 않았다.65) 따라서 김육은 중국에 진위사로 다녀오면서 개인적으로 중국 동전 15만 문(萬文, 1,500냥)을 수입하였다.66) 비변사에서도 중국 동전을 수입하여 유통시키기로 결정하기도 했다. 그러나 중국이 동전을 국외로 유출시키는 것을 엄격하게 금지하고 있었기 때문에 공식적으로 수입할 수 없었고, 조선왕조에서도 동전 사용 초기 단계에서 일시적으로 주전 경비를 줄이기 위한 방책이었을 뿐이었다. 그러므로 중국으로부터 동전을 수입하여 화폐유통을 활성화시키려는 의도는 실패하였다. 이로써 각종 동전을 법화로 유통 보급하기 위해 거듭 시도한 왕조당국의 화폐유통 정책은 1658년에 중단되고, 그 이후 20년이 지나 1678년(숙종 4)에 상평통보가 주조 유통되기 전까지는 개성을 중심으로 한 인근 지방과

---

63) 원유한, 「한국 근세후기 고급관료 김이양의 화폐제개혁론」 ; 「조선후기 화폐
　　유통정책에 대한 일 고찰 ― 고액건 주용논의 중심으로 ―」.
64) 『효종실록』 권7, 2년 7월 갑자 ; 원유한, 「이조후기 화폐주조업의 사영화 경향」.
65) 『인조실록』 권45, 22년 9월 병술.
66) 『효종실록』 권4, 1년 6월 정미.

평안도 일부 지역에서만 동전은 통용되었을 뿐이다.[67]

나. 상평통보

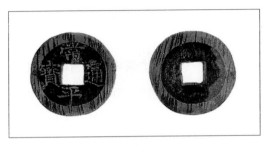

<그림 3> 상평통보 당일전(1633년 상평청 제조)

조선왕조는 1675년(숙종 1)에 동전유통을 위한 화폐정책을 다시 시행하고자 하였다. 일단 동전을 주조 유통시키기 전에 중국 동전을 수입하여 유통시키고자 중국에 요청하였으나, 『대청회전』에 금지되어 있다고 거절당하였다.[68]

중국 동전의 수입 유통 시도가 좌절되자 1678년(숙종 4) 1월 영의정 허적(許積)의 건의로 국내에서 동전을 주조하기로 결정하였다.

대신 허적·권대운 등이 시행하기를 청하매, 임금이 군신에게 물어, 군신으로서 입시한 자가 모두 그 편리함을 말하였다. 임금이 그대로 따르고, 호조·상평청·진휼청·어영청·사복시·훈련도감에 명하여 상평통보를 주조하여 돈 4백 문을 은 1냥의 값으로 정하여 시중에 유통하게 하였다.[69]

---

67) 원유한, 「이조 숙종시대의 주전에 대하여」; 「이조 숙종대의 주전동기」.
68) 원유한, 「이조후기 청전의 수입 유통에 대하여」.

이때 주조 발행된 동전은 2전 5푼의 무게를 가지고 4백 문이 은 1냥의 값을 가지는 '상평통보(常平通寶)'였다. 대체로 동전유통에 대해서 국왕을 비롯한 왕조 당로자들은 물론 일반백성에 이르기까지 모두 원하는 바였기 때문에 처음부터 동전주조 사업은 의욕적으로 시도되었다.

이와 같이 1678년(숙종 4)에 동전을 주조하여 사용하기로 결정한 동기는 다음과 같이 정리할 수 있다.[70]

첫째, 이미 개성을 중심으로 한 인근 지방에서의 동전유통이 활발하였으므로, 왕조 당로자들은 동전유통의 전국화가 가능할 것이라는 신념을 가지게 되었다.

둘째, 광해군 초년 이래 대동법 시행 지역의 확대와 효종조에 강행되었던 준전시 국가 경제체제의 해체로 인해 복잡해진 일반 물화유통계에서 화폐 운용의 필요성이 증대되고 있었다.

셋째, 조선왕조가 시행한 전통적인 무농억말적 산업정책 하에서 한·수해 등 자연 조건에 민감하고 경제적 기반이 빈약한 농업에 거의 전적으로 의존하고 있는 국가 경제기반의 취약성도 하나의 동기가 되었을 것이다.

넷째, 1656년(효종 7)에 동전 사용을 혁파한 후 다량의 칭량은화가 통화기능을 담당했던 것인데,[71] 그것이 가지는 화폐로서의 부적합성

---

69) 『비변사등록』 34, 숙종 4년 정월 4일 ; 『숙종실록』 권7, 4년 1월 을미.

70) 『비변사등록』 34, 숙종 4년 정월 4일 ; 『숙종실록』 권7, 4년 1월 을미 ; 원유한, 「이조 숙종조의 주전동기」 ; 원유한, 「이조 숙종시대의 주전에 대하여」.

71) 『승정원일기』 263, 숙종 4년 정월 23일 ; 원유한, 「이조 숙종대의 주전동기」.

<그림 4> 초기에 발행한 상평통보 당일전
1678~1742년 개성관리영 제조(좌)
1685년 공조 제조(우)

도 동전주조의 영향을 주었을 것이다. 그 당시 다량의 은이 중국과의 무역 매개물로 유출되어 민중들이 은을 취득하기 어려웠으며, 소액 거래에도 불편하여 화폐로서의 중요한 구성 요건인 일반성이 결여되어 있었다. 또한 은의 부족을 틈타 위조의 폐단이 극심하여 품질이 조악[72]해졌기 때문에 동전을 주조할 수밖에 없었던 것이다.

다섯째, 영의정 허적(許積)이 인조·효종 조를 거치면서 축적한 화폐유통 정책에 대한 자신의 경험을 토대로 동전주조 유통을 제의한 것이 직접적인 동기가 되었다. 특히 그는 효종조에 화폐정책 운용에 깊이 참여하여 풍부한 경험을 쌓은 후, 숙종조에 동전의 주조 유통을 시의 적절하게 제의할 수 있었던 것이다.

여섯째, 이처럼 국내의 제반 사회경제적 발전으로 동전통용이 절실히 요구되는 상황 하에서 일찍이 화폐경제가 발달한 중국으로부터의 직접·간접적 영향은 숙종조에 동전을 주조하게 된 중요한 동기가 되었던 것이다.

---

72) 『비변사등록』 34, 숙종 4년 정월 23일.

　상평통보를 주조 유통시키기로 결정하였지만, 동전 원료의 부족, 주전 시설의 미비, 주전 기술의 미숙 등 여러 가지 제약으로 중앙기관의 동전주조 실적은 부진하였다. 따라서 동전유통의 가능성이 비교적 크다고 생각되는 평안도와 전라도 감·병영을 중심으로 주전을 허락하여 부진한 동전 유통을 원활히 하고자 노력하였다.73) 그러나 지방에서 주조된 동전이 각 지역에서 수용되지 못하고 오히려 서울로 집중되자, 화폐가치가 폭락하면서 유통질서의 혼란을 야기하였다. 이에 왕조당국은 1680년(숙종 6)에 지방관청의 동전주조를 허락하지 않기로 하였다.74) 일단 지방관청의 동전주조를 허락하지 않게 된 이후는 중앙에서 동전을 주조하여 호남·영남·호서 등지에 반송하여 동전의 유통보급을 시도하였다. 그러나 중앙에서만 동전을 주조한다는 방침은 운수교통이 발달하지 못한 당시의 운반 수단으로서는 동전을 지방으로 반송하기에 적지 않은 문제가 뒤따랐다. 따라서 그 다음 해인 1681년(숙종 7) 1월 우의정 민정중의 건의로 다시 지방관청에게 동전주조를 허락하게 되었다.75) 이후 중앙 및 지방 각 관청에서는 경비 부족 등을 이유로 동전을 주조하였다. 지방관청에 다시 동전주조를 허락한 1681년 이후부터는 동전을 주조 유통하는 목적이 주로 응급한 재정수요 내지 군사비를 충당하는 데 있었다. 이로써 화폐유통 정책의 중요한 목적이 종래와 달리 동전을 유통 보급시키는데 있기 보다는 국가재정의 부족

---

73) 『승정원일기』 265, 숙종 4년 6월 3일.

74) 『숙종실록』 권9, 6년 2월 계해.

75) 『승정원일기』 281, 숙종 7년 1월 16일.

74

을 보완하려는데 있었다는 사실을 알 수 있다. 이와 같은 사실은 미·포 등 물품화폐가 지배하던 일반 유통계에서 동전이 제반 화폐기능을 발휘할 수 있게 되었다는, 즉 동전이 법화로서 유통기반을 이룩했다는 점으로도 이해할 수 있을 것이다.[76]

한편 동전주조를 허가하면서도 6개월, 또는 10개월 등과 같이 동전 주조 기간을 제한하려 했던 것은 각 중앙 및 지방 관청 등이 화폐를 남발하는 것을 억제하기 위해 취한 조치였다. 그러나 이러한 조치에도 불구하고 1689년(숙종 15)에는 또 다시 동전주조를 중단시키고 제반 신역(身役)을 모두 포로 징수하게 했을 정도로, 동전이 남발되어 그 가치가 폭락되었다.[77] 하지만, 2년 7개월 후인 1691년(숙종 17)에 칙수 (勅需)와 군사비를 조달하기 위하여 다시 개성부에 동전주조를 허락하 지 않을 수가 없었다.[78] 이후에도 총융청이나 강화군영 등에서 부시지 수(不時之需)를 조달하기 위해서 계속적으로 동전주조를 허락하지 않 을 수 없었다.[79]

이에 따른 모순과 폐단은 다시 발생하였다. 여러 기관에 동전주조를 허락하다 보니 원료값이 급등하고, 불법 주조행위가 성행하여 동전의 품질이 조악해졌던 것이다. 따라서 왕조당국은 화권재상(貨權在上)의

---

76) 원유한, 「이조 숙종시대의 주전에 대하여」 ; 「조선후기 금속화폐 유통정책 −17세기 전반의 동전유통시도기를 중심으로−」.

77) 『비변사등록』 43, 숙종 15년 9월 8일.

78) 『숙종실록』 권23, 17년 10월 갑오.

79) 『승정원일기』 349, 숙종 18년 8월 23일 ; 『비변사등록』 46, 숙종 18년 10월 4일.

명분을 내세워 호조와 상평청에서 동전주조를 전관(專管)하게 하였다.[80] 그러나 전국을 휩쓴 흉황(凶荒)으로 인하여 결국 또 다시 삼남지방을 중심으로 동전주조를 허락하지 않을 수 없었고, 1695년(숙종 21)과 1697년에는 전국적으로 흉황이 들어 그 구제를 위한 방편적 조치로서 중앙과 지방관청에 동전주조를 허락하지 않을 수 없었다.[81] 이처럼 1678년에 상평통보를 주조 유통하기 시작, 1697년까지 이르는 동안에는 동전주조와 금지 조치를 반복하면서도 상당량의 동전을 주조 발행하였던 것이다.

그러나 1697년(숙종 23) 이후에는 동전이 증발되지 못했고, 그 초기 동안에는 동전주조 발행문제가 제기 논의된 일조차 없었다. 그 중요한 이유는 미·포 등 물품화폐의 유통이 지배하던 전통사회에 금속화폐가 유통 보급됨에 따라서 전통적인 생산양식과 의식체계의 변질이 촉진되는 등 반전통적 사회 변화가 급진전되었던 것을 들 수 있다. 그리고 17세기 후반기에는 화폐 원료의 주요 공급원이던 일본 동의 수입이 급격히 저조해져서 동전 원료난이 심각한 지경에 이르렀던 것도 또 하나의 원인이라고 할 수 있다.[82] 이와 같은 이유로 동전유통은 국내 전역으로 확대되고 있었음에도 불구하고, 동전은 증발되지 않아서 종래까지 흙과 같이 천하다고 하던 동전의 가치가 은과 비슷하게 등귀하였다.[83] 이처럼 일반 유통계에 만연된 통화량의 부족을 완화

---

80) 『비변사등록』 47, 숙종 19년 7월 4일.

81) 『숙종실록』 권30, 22년 7월 병술.

82) 원유한, 「조선후기 동전 원료의 공급 형태」.

83) 원유한, 「조선후기 금속화폐 유통정책-17세기 전반의 동전유통시도기를 중

하여 동전의 유통을 원활히 하기 위해서 동전 증발의 필요성은 강조되어 1718년(영조 42)경부터 동전을 주조하자는 논의가 다시 일어나기 시작하였다. 이후 수차에 걸쳐 동전의 주조 발행문제가 논의되어 일단 결정되기도 했던 것이나, 동전 원료의 공급난과 동전유통 보급으로 촉진된 반전통적 사회 변화에 대한 당로자들의 반발이 주요 원인이 되어 동전은 1742년(영조 18) 이전까지는 본격적으로 주조되지 못하였다. 왕조당국이 1731년 9월에 호조와 진휼청으로 하여금 동전을 주조하게 하였으나, 한해로 인한 흉황에 대비하기 위한 일시적인 방편이었다. 따라서 영조조의 본격적인 동전주조는 1742년부터라고 할 수 있는데, 조선왕조가 1697년(숙종 23) 이후 40여 년 만에 억제해오던 동전 증발을 허가하지 않을 수 없었던 근본적이고 본질적인 이유는 당시의 사회경제 발전수준이 이미 금속화폐 유통 자체를 부인할 수 없는 단계에 이르렀기 때문이었다. 이처럼 금속화폐의 유통을 필요로 하는 사회의 변천을 거스를 수 없기 때문에 동전을 주조하지 않을 수 없었다. 그리하여 조선왕조는 18세기 말에 이르기까지 중앙과 지방 관청 또는 각 군영에서 필요에 따라 동전을 주조 발행하게 되었다.[84]

심으로-」;「전통 조선사회 해체과정에 대한 일고찰-금속화폐 유통문제를 중심으로-」.

84) 원유한, 「18세기에 있어서의 화폐 정책-동전의 주조사업 중심으로」.

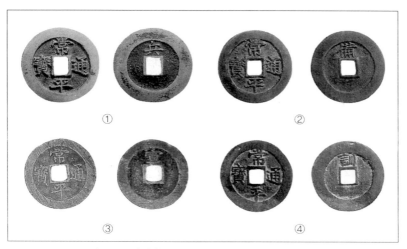

<그림 5> 중앙에서 발행한 상평통보 당일전(1742년 전후)
병조(①), 비변사(②), 선혜청(③), 제조 연도 미상 훈련도감 제조④)

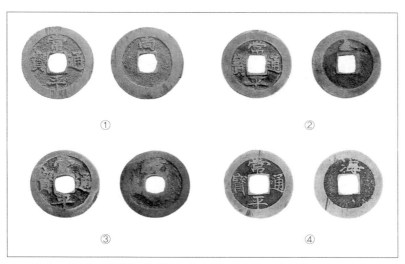

<그림 6> 지방에서 발행한 상평통보 당일전(1695년 경상감영 제조①, 1727년 전후
전라감영 제조②, 1727년 통영관리영 제조③ 1742년 해주관리영 제조④)

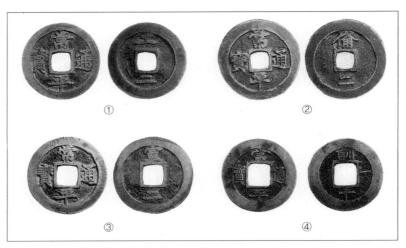

<그림 7> 중앙에서 발행한 상평통보 당일전(1685~1752년 공조 제조①, 1742년 전후
비변사 제조② 1742~1752년 선혜청 제조③ 1752년 훈련도감 제조④)

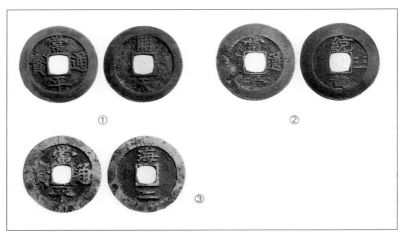

<그림 8> 지방에서 발행한 상평통보 당일전(1679~1752년 개성관리영 제조①,
1742~1752년 통영관리영 제조② 1742~1752년 해주관리영 제조③)

동전주조 관리의 획일화 원칙은 19세기 순조조부터 다시 무너지기 시작하였다. 1806년(순조 6) 10월 종래에는 호조에서 전관하던 동전주조 사업을 호조와 선혜청에서 윤번으로 설행하게 하였다.[85]

그 뒤 1816년(순조 16) 4월과 1828년(순조 28) 8월에는 개성부에 동전주조를 허락하여 경비 부족을 보완케 하였으며[86] 1831년(순조 31) 11월에는 경기 감영에 주전을 허락했고,[87] 1862년(철종 13) 8월에는 원료 운반비용을 절약하기 위하여 함경도 감영에 동전주조를 설행하게 하였다.[88] 그리고 1823년(순조 23) 4월에는 금위영,[89] 1828년(순조 28) 9월에는 훈련도감[90] 등 각 군영에서도 동전을 주조하기에 이르렀다.

19세기 전반기에 있어서 동전주조 관리질서의 문란은 비단 표면적으로 주조 관리체계가 다원화된 것으로 그치지 않는다. 동전주조 관리질서의 본질적인 변질은 국고 전담 하에 국가에서 관리 주관하는 것이 원칙으로 되어 있는 동전주조 사업이 경제적 여력이 있는 민간인에 의한 도급 주전으로 전환하는 경향이 두드러지게 나타나고 있다는 점이다. 민간인의 도급 주전은 허락해주는 왕조당국이나 도급받는

---

85)『일성록』, 순조 6년 10월 5일.

86)『일성록』, 순조 16년 4월 7일 ;『순조실록』권19, 16년 4월 병진 ;『대청일기』, 순조 28년 7월 12일 ;『순조실록』권30, 28년 6월 경술.

87)『일성록』, 순조 31년 11월 6일 ;『순조실록』권32, 31년 1월 갑자.

88)『일성록』, 철종 13년 8월 27일.

89)『일성록』, 순조 23년 4월 3일 ;『비변사등록』211, 순조 23년 4월 3일.

90)『일성록』, 순조 28년 9월 5일.

민간인이 다 같이 이익이 된다는 실리적 타산에서 점차 성행되고 있었던 것으로 보인다.[91]

이상에서 살펴보았듯이 19세기 전반기에는 중앙관청이나 지방관청 또는 각 군영에서 상평통보를 주조 유통했던 것인데, 당시의 기록에 나타난 동전의 주조 발행량을 집계해보면 대략 5,000,000냥에 달하고 있다. 그러나 1862년(철종 13) 8월부터 국내 유수의 갑산동광(甲山銅鑛)이 있는 함경도의 감영에서 대대적으로 주조 발행한 동전까지를 고려한다면 19세기 전반기에 주조 발행한 실제 화폐량은 앞의 통계숫자를 훨씬 상회할 것으로 짐작한다. 이 시기에 있어서 종래보다 다량의 동전을 주조 발행할 수 있었던 중요한 원인은 화폐 원료난이 상당히 해소되었다는 점에 있었다. 당시 일본 동의 수입량이 증가되었고 또한 매장량이 풍부하고 품질이 좋은 갑산동광이 적극적으로 채굴되고 있었기 때문에 화폐 원료난은 해소될 수 있었던 것이다. 그리하여 19세기 접어들면서부터는 18세기 전반에 걸쳐 그처럼 심각하게 일반 유통계에 나타났던 통화량 부족 현상이 어느 정도 극복되어 화폐경제는 비교적 종래보다 활기차게 발전될 수 있었던 것이다.[92]

이상에서 살펴본 조선초기부터 19세기까지 주전된 동전의 액수를 추정해 보면 다음의 표로 정리할 수 있다.

---

91) 원유한, 「18세기에 있어서의 화폐정책-동전의 주조사업 중심-」, 1967.

92) 원유한, 「18세기에 있어서의 화폐정책-동전의 주조사업 중심-」, 1967.

조선시대 주전 일람표93)(*는 추정치)

동전 종류	주전 내역		주전 목적	주전량
해서체 조선통보	1423년 11월~1427년 1월까 지 주전량		저화와 같이 사용할 목적 (호조 건의)	40만냥
	1598년 주조		국가재정 보완책	액수 미상
	1603년 주조		국가재정 조달책(호조 건의)	액수 미상
	1625년 10월~1626년 윤6월 의 주전량		궁핍한 국가재정의 보완 (김신국 건의)	6백관 (6,000냥)
팔분체 조선통보	1633년 주전청 설치 후 동전주 조		가정과 국가의 재부 확대 (호조 건의)	액수 미상
	1634년 2월 이후 경상도 안동 과 개성의 동전주조		동전주조 능력 지역에서의 주 전 모색(상평청 건의)	액수 미상 220관 (2,200냥) 잔존
	1635년 수원·해주의 사주조 허락			
	1644년에 1655년까지 주조된 동전량	1644년	평안도에 동전유통 보급 (김육 건의)	수십만 관 (수백만 냥) 잔존
		1650년 4월	양서(兩西)에 동전유통 보급 (김육 건의)	
		1651년 5월	훈련도감 비용 목적	
		1651년 7월	사주전 허락(십전통보)	
		1653년 1월	경주 동전유통 보급 (김육 건의)	
상평통보	1678년 초~1680년 2월간의 추정 주전량, 1678년 4월부터 행전		동전주조량의 부족 해소 (허적 건의)	*60만냥
	1681년 초~ 1689년 3월간 의 추정 주전량	1681년 1월	지방관청의 주전 허락 (민정중 건의)	*170만냥
		1682년 11월	전라도 감영의 주전 허락	
		1683년 1월	호조의 경비 사용(호조 건의)	
		1685년 2월	공조의 경비 보완(공조 건의)	
		1685년 9월	군기시의 경비 보완 (군기시 건의)	
		1685년 12월	영변성 축조에 필요한 식량 조 달(남구만 건의)	

93) 원유한, 「18세기에 있어서의 화폐정책－동전의 주조사업 중심－」, 1967의
   내용과 실록 등 기록에서 재정리.

상평통보	1690년 8월~1695년 9월의 추정 주전량	응급한 군사비 조달	*100만냥
	1695년 10월~1697년 말의 추정 주전량	응급한 국가재정 보완	*120만냥
	1731년 10월~1732년 9월 호조와 진휼청의 추정 주전량	응급한 국가재정 보완	*25만냥
	1742년 추정 주전량	응급한 국가재정 보완	*50만냥
	1751년 2월~52년 6월 삼군문(三軍門)의 주전량	동전의 유통 보급	60만 7,000냥
	1757~58년 총융청(摠戎廳)의 추정 주전량, 1758년 10월부터 행용(行用)	동전의 유통 보급	*20만냥
	1763~65년 5월 금위영(禁衛營)의 추정 주전량	동전의 유통 보급	*33만냥
	1775년 어영청(御營廳)의 주전량	동전의 유통 보급	*64만냥
	1779년 3월에 공급된 신전(新錢)의 추정 주전량	동전의 유통 보급	*50만냥
	1785년~88년에 공급된 신전량(新錢量)	동전의 유통 보급	60만냥
	1791년부터 개시된 주전에 따른 신전(新錢)의 추정 주전량	동전의 유통 보급	*10만냥
	1794년 5월경에 공급된 신전량	동전의 유통 보급	15만냥
	1796년 초에 공급된 신전의 추정량	동전의 유통 보급	*14만냥
	1798년 8월에 공급된 신전의 추정량	동전의 유통 보급	*10만냥
	1806년에 주조되어 1809년 12월에 공급된 신전량	전황의 폐단 방지	30만냥
	1814년 초 함경감영의 신전 발행량	함경감영의 경비	6만 5,000냥
	1814년 6월에 공급된 신전량	동전의 유통 보급	32만 6,400냥
	1816년 개성부의 추정 주전량	개성부 경비 보완	*8만냥
	1818년 11월에 공급된 신전의 추정량	동전의 유통 보급	*50만냥
	1825년 4월에 공급된 신전량	동전의 유통 보급	36만 7,500냥
	1829년 10월과 1830년 정월에 공급된 신전량	동전의 유통 보급	73만 3,600냥
	1832년 정월에 공급된 신전량	경기감영에 주전 허락	78만 4,300냥
	1842년 신전의 추정 공급량	동전의 유통 보급	*50만냥
	1853년 4월, 1855년 10월, 12월 등에 공급된 신전량	동전의 유통 보급	157만 1,500냥
	1857년 12월에 공급된 신전량	동전의 유통 보급	91만 6,800냥

Ⅳ. 화폐 원료 공급과 화폐주조 사업의 이윤

1. 동전 원료의 공급실태

화폐유통 정책의 성패를 판가름하는 가장 중요한 문제의 하나는 원료 공급의 상황이었다. 일찍이 조선왕조는 전기에 동전 원료를 공급하기 위해 일본 동을 수입하고, 국내의 동광을 채굴하거나 각종 파동(破銅)을 수집하려 하였다. 그러나 당시에는 '본국동철불산(本國銅鐵不産)'을 이유로 하여 국내의 동광 개발에 소극적이었고, 일본 동을 수입하여 동전 원료를 공급하는 데 주력하였다.[1]

왜란 이후에도 조선전기와 같이 일본과 중국으로부터 동전 원료를 수입하여 충당하는 데 주력하였고 국내의 동광 개발에는 소극적이었다. 19세기 초의 '주전식(鑄錢式)'에 의하면 동전은 생동(生銅) 73%, 함석(含錫) 13.5%, 상랍(常鑞) 13.5%의 비율로 합성 주조되었다.[2] 동전의 동·석·상랍 합성 비율은 항상 일정하지는 않았고, 주조할 당시

---

1) 고승제, 『근세한국산업사연구』, 1959 ; 宮原兎一, 「朝鮮初期の銅錢について」, 『朝鮮學報』 2, 1932 ; 小葉田淳, 「中世後半に於ける日鮮金銀貿易の研究」, 『史學雜誌』 47-6·7, 1951 ; 원유한, 「조선후기 동전 원료의 공급 형태」, 1974.

2) 『만기요람』, 「재용편 4」, 주전식.

원료 공급의 형편에 따라서 달라질 가능성이 컸다. 조선후기에 동전 원료 중 큰 비중을 차지하는 동은 주로 일본으로부터 수입하였고, 국내에서 생산한 동은 수입해온 동이 부족할 경우 그것을 보충하는 정도에 그쳤던 것 같다. 그리고 석과 상랍도 주로 중국과 일본으로부터 수입하여 동전 원료에 충당하였다.3)

가. 외국 동·석의 수입

조선왕조가 일본 동을 수입한 것은 15세기 초인 태종조에 대마도주 (對馬島主)로부터 동 500근을 수입한 사실에서 비롯된다.4) 이후 세종조에 동전을 법화로 채용하는 화폐정책을 실시함으로써 국내의 동 수요량이 급증하여 일본 동의 수입량도 증가되었다.5) 그러나 16세기 말에 일어난 왜란으로 말미암아 조선초기 이래로 계속되어 온 일본과의 무역이 중단되면서 일본 동의 수입도 중단되었다.

왜란 이후에도 조선왕조는 동전 원료의 공급을 일본 동의 수입에 의존했던 것으로 보인다. 17세기 초부터 의욕적으로 실시한 동전유통 정책이 1650년대에 이르러 중단되지 않을 수 없었던 이유는 국내에서 동을 생산하지 않고 일본 동의 수입에만 의존하여 원료가 부족했기

---

3) 원유한, 「조선후기 동전 원료의 공급 형태」, 1974.

4) 田代和生, 「對馬藩の朝鮮流出銅調達について－幕府の銅統制と日鮮銅貿易の衰退－」, 『朝鮮學報』 66, 1973.

5) 고승제, 『근세한국산업사연구』, 1959 ; 宮原兎一, 朝鮮初期の銅錢について」, 1932 ; 小葉田淳, 「中世後半に於ける日鮮金銀貿易の研究」, 1951 ; 원유한, 「조선후기 동전 원료의 공급 형태」, 1974.

때문이었다.6) 1609년(광해군 1)에 일본과 기유약조(己酉條約) 체결 이후 조선왕조의 대일무역은 일본 측의 진상과 상인들에 의한 사무역 제도로 약정되면서, 왕조당국은 대마도주를 상대로 하는 공무역을 재개하였다. 조선왕조는 공무역 제도를 약정하는 동시에 일본으로부터의 수입 품목과 그 수량을 협정하였다. 당시 협정된 품목은 동·납철(석)·묵각(수우각)·단목 등의 네 종류였고, 대가로 조선왕조는 목면을 지불하기로 약정하였다.7)

조선왕조가 대마도주로부터 받는 사무역 진상품 중에는 동이 포함되어 있지 않았으므로, 일본 동의 수입은 공무역에 의해서 이루어졌다. 그 수량에 약간의 차이는 있었지만 조선왕조는 공무역을 통해서 매년 2만 7천 근에 달하는 일본 동을 수입하였다. 공무역을 통해서 수입하는 일본 동은 매년 그 수량 면에서 큰 변동 없이 1860년대까지 거의 그대로 지속되었던 것으로 보인다.8) 따라서 1680년대부터는 사무역을 통해 다량의 일본 동이 수입되어 동전 원료를 비롯한 국내의 동 수요에 충당되었다. 물론 1680년대 이전에도 상인들의 사무역을 통한 일본 동의 국내 수입 가능성을 전혀 배제할 수는 없다. 1634년(인조 12)의 기록에 일본 동의 1년 수입량이 3만 근이었다는 것을 보면,9) 사무역을

---

6) 『효종실록』 권12, 5년 6월 무인.

7) 『통문관지』 ; 田代和生, 「對馬藩の朝鮮流出銅調達について-幕府の銅統制と 日鮮銅貿易の衰退-」, 1973.

8) 田代和生, 「對馬藩の朝鮮流出銅調達について-幕府の銅統制と日鮮銅貿易の衰 退-」, 1973.

9) 『인조실록』 권29, 12년 2월 정축.

통해 수입된 일본 동의 수량은 몇백 근에 지나지 않았다는 사실을 짐작할 수 있다. 그러나 1670년대까지 부진한 것으로 보이는 일본 동의 사무역은 1680년대 초부터 1690년대 말에 이르는 10여 년간 전성기를 이루었다. 동전 원료의 공급난, 화폐정책의 모순 등 여러 가지 원인으로 중단10)되었던 1650년대에서 20여 년 후인 1670년대 말부터 조선왕조는 다시 동전을 주조 유통하기 시작하였다. 그 이후 동전은 1690년대 말까지 중앙 및 지방 관청, 그리고 각 군영에서 다량으로 주조 발행되어 동전유통은 국내 전역으로 보편화되었다. 동전이 다량으로 주조 유통된 시기에 있어서 동을 비롯한 동전 원료의 수요는 급격히 증가되었다. 당시 국내에서 소극적으로 동전 원료의 공급책이 모색되기는 하였으나, 수요량의 대부분은 일본 동의 수입으로 충당되었던 것이다. 당시에는 일본과의 공무역을 통해 매년 3만여 근 가까운 동이 수입되었고, 특히 1697년(숙종 23)에는 일본 동 1,436,000근을 수입하는 등 사무역을 통한 일본 동의 수입은 절정을 이루었다.

조선후기에 조선과 일본 사이에 이루어진 사무역은 국내의 상인들과 대마도주가 파견한 대관(代官) 사이에서 행하여졌다. 당시 사무역을 통해서 은·동·석·유석·호초(후추)·수우각·단목 등이 수입되었고, 인삼·백사·견직물 등이 대가로 지출되었다. 공무역은 매년 품목과 수량 상에 별 변동이 없었으므로 대마도주의 수익은 일정하였으나, 사무역은 제한이 없었기 때문에 대마도 측으로서는 사무역을 통해 막대한 이윤을 취할 수 있었다. 그리하여 대마도주는

---

10) 원유한, 「조선후기의 금속화폐 유통정책—17세기 전반의 동전유통 시도기를 중심으로—」, 1972.

조선과의 사무역에 더욱 힘쓰게 되었다. 한편 1680년대 초부터 1690년대 말에 이르는 10여 년간에 조선이 사무역을 통해 다량의 동을 수입하여 급증하는 동전 원료에 충당할 수 있었던 것은 당시 일본이 동광의 획기적인 발전으로 세계 제1의 동 생산국이 되어 있었기 때문이었다.[11]

　1,436,000근에 달하는 다량의 일본 동을 수입하여 그 절정기를 이룬 다음 해인 1698년부터 추세는 급전하여 사무역을 통한 일본 동의 수입량은 급격히 줄어들었다. 1703년(숙종 29)에는 일본 동의 수입량이 3백 근에 지나지 않는 등, 1690년대 말부터 사무역에 의한 일본 동 수입량의 격감 이유는 국내와 일본 측의 사정에서 찾아 볼 수 있다. 왕조당국이 1670년부터 동전을 법화로 유통시키기 시작하여 유통 영역이 점점 국내 전역으로 확대되자 조선사회의 전통적 생산양식과 가치관념의 변질이 촉진되었다. 왕조 당로자들을 비롯한 각 계층에서 동전유통을 반대하는 등 비판적 여론이 비등하자 동전의 증발이 억제되었다. 동전의 증발이 억제된 상황인 만큼 원료인 일본 동의 수입 의욕은 상대적으로 둔화되었을 것이다. 한편 당시 일본의 경우에도 동의 생산량이 차차 줄어들면서, 조선의 일본 동 수입량도 당연히 줄어들 수밖에 없었다. 그리고 일본막부가 1701년부터 무역을 통제함에 따라 대마도주의 조선에 대한 동 수출이 상당한 제약을 받게 되었다. 일본 막부는 1701년(숙종 27) 오사카(大阪)에 동좌(銅座)를 설치하고 동을 통제하여, 대마도주가 행사하던 조선에 대한 동의 수출을 막부의 통제 하에 두기 시작하였다. 1713년(숙종 39)에는 막부가 대마도주의

---

11) 田代和生,「對馬藩の朝鮮流出銅調達について－幕府の銅統制と日鮮銅貿易の　　衰退－」, 1973.

동 조달고를 허가하는 제도를 채택 실시하였으며, 1716년(숙종 42)에
는 대마도주의 조선에 대한 동 수출고를 매년 10만 근으로 규정해
놓았다. 1738년(영조 14)부터는 막부가 동좌를 다시 설치하여 대마도
주의 동 조달을 지배하기에 이르렀다.12)

　일본 막부가 대마도주의 조선에 대한 동 수출 허가제를 채택한
1713년(숙종 39)부터 1737년(영조 13)에 이르는 24년간 막부의 동
조달 허가고를 보면 10만 근이었던 해가 17개년, 13만 근이 1개년,
20만 근이 2개년, 24만 근이 1개년이며, 전혀 동 조달을 허가하지
않았던 해가 3개년이었다.

　사무역을 통한 일본 동의 수입이 정체되기 시작한 1698년(숙종
24)부터 1742년(영조 18)에 이르는 40여 년 동안은 동전유통에 대한
비판론이 우세하여 왕조당국이 동전 증발을 의도적으로 억제하던 시기
였다. 이러한 점을 고려할 때 이 시기에 동전 원료로서 일본 동의
수입은 조선 측에 그렇게 절실한 문제로 제기되지 않았을 것이다.
그러나 1742년에 동전을 다시 주조 발행할 것을 결정하여 동전 원료로
서 동의 수요량은 급증되고, 일본 동 수입의 필요성도 매우 절실해졌다.

　40여 년간 동전의 증발을 억제하여 오다가 1742년(영조 18)에 동전
을 계속 주조 발행하기로 결정한 것은 조선후기의 화폐경제 발전 면에
서 일어난 획기적인 사실로서 인식되어야 할 것이다. 이와 같은 사실은
상공업이 발달됨과 동시에 수익성 위주의 농경이 발달하는 등 농업경
영 면에 새로운 경향이 일어나고 있을 뿐 아니라 화폐에 대한 가치

---

12) 田代和生, 「對馬藩の朝鮮流出銅調達について－幕府の銅統制と日鮮銅貿易の
　　衰退－」, 1973.

인식이 심화되고, 동전의 유통 영역이 확대되고 있던 당시의 사회경제적 여건 하에서 동전유통은 부정할 수 없다는 사실의 반증이기도 하다.13) 호조와 진휼청에서 동전을 주조 발행하기로 결정한 이후 중앙 및 지방 관청, 그리고 각 군영에서 동전을 주조 발행하게 되었다. 각 기관에서 동전을 주조하게 됨에 따라서 동전 원료의 수요는 격증되었으나,14) 동전 원료에 충당하기 위해 일본 동을 수입해 오는 것은 한계가 있었다.

1716년(숙종 42)에 일본이 매년 조선의 동 수입량을 10만 근으로 제한했던 규정은 경우에 따라서 수량이 증가된 때도 있었지만, 1819년(순종 19)까지 적용되었다. 더구나 왕조당국은 일본 막부가 대마도주에게 허가한 동 조달고인 매년 10만 근을 실제로 모두 수입할 수는 없었다. 1734년(영조 10)에 동 조달 수입량은 3만 근, 1735년의 동 조달 허가고는 10만 근에 실제 수입량 4만 5천 근, 1736년의 동 조달 허가고 10만 근에 실제 수입량 8만 5천 근이었다. 따라서 1744년(영조 20)에서 1750년(영조 26)까지 7년간의 동 조달 허가고는 70만 근이었으나, 실제 수입량은 16만 4천 근에 지나지 않았다. 조선왕조가 매년 수입 예정량인 일본 동 10만 근을 모두 수입할 수 없었던 것은 주로 대마도주가 10만 근에 달하는 동을 매년 조달할 수 없기 때문일 것이다. 이와 같은 사실은 국내의 동 수요를 거의 일본 동에 의존하고 있던 당시의 왕조 당로자들이 일본 동 수입의 애로점과, 이로 인한

---

13) 원유한, 「영조의 동전통용 금지 시도」, 1969.

14) 원유한, 「18세기에 있어서의 화폐정책-동전의 주조사업중심-」, 1967.

동전 원료의 공급난을 지적하고 있는『비변사등록』을 비롯한 각종의 관찬 문서에 나타난 기록을 통해서 짐작할 수 있다.15) 왕조 당로자들은 동전 원료로서 일본 동 수입의 한계를 느끼고 그것을 극복하기 위해서 국내 동광의 개발에 뜻을 두었거나, 원료 절약을 위한 여러 가지 화폐제도 내지 화폐정책의 개혁을 모색하기도 하였다.

　조선왕조의 일본 동 수입량이 매년 10만 근이라는 일본 측의 수출 제한을 벗어나서 증가되기 시작한 것은 1820년(순조 20)부터였다. 1716년(숙종 42)에 일본 막부가 조선의 일본 동 수입량을 매년 10만 근으로 제한한 지 1세기 여가 지난 뒤였다. 일본 동의 수입량 증가를 보게 된 것은 1820년에 취은가(吹銀價)로 동 5만 근, 1827년(순조 27)에 금류취출가(金類取出價)로 동 5만 근, 1836년(헌종 2)에 수우각대(水牛角代)로 동 1만 근을 종래의 규정량인 10만 근에 가산시킴으로써 그 수량이 증가되어, 왕조당국의 일본 동 수입량은 점차 증가되었다. 1820년부터 1866년(고종 3)에 이르는 46년간 조선의 일본 동 수입 한계량의 증가로 과연 어느 정도의 일본 동이 더 수입되었는지는 구체적인 기록이 없어서 확실히 알 수 없다. 그러나 이 시기에 있어서의 동전주조 발행량의 증가, 동전주조 사업의 이윤율 상승 등 화폐정책의 시행 상황과 유통경제의 실제를 종합해 보면 일본 동의 수입량은 증가되고 있었다. 물론 이 시기에는 국내의 유수한 갑산동광이 채굴되어 동전 원료의 공급난을 해소하는 데 적지 않은 영향을 주었다는 사실도 간과

---

15)『비변사등록』90, 영조 7년 10월 12일 ;『비변사등록』107, 영조 16년 12월 10일 ;『비변사등록』158, 정조 1년 2월 26일 ;『비변사등록』174, 정조 13년 6월 17일 ;『정조실록』권26, 12년 11월 정사.

할 수 없다.[16)]

　조선왕조는 17세기 초부터 일본 동을 수입함과 동시에 동전 원료로
서 불가결한 석(錫)도 수입하였다. 1613년(광해군 5)부터 조선과 일본
과의 공무역이 이루어졌던 것인데 공무역을 통해 수입하는 네 가지
품목 중에 납철(鑞鐵, 錫)이 포함되어 있었다. 조선왕조가 매년 수입하
는 일본 석의 수량은 15,613근으로 규정[17)]되어 있는데 양국 간의 공무
역은 큰 변천 없이 1860년대까지 지속되었다. 그러므로 조선왕조가
일본과 공무역을 계속하는 동안에는 특별한 변동이 없는 한 매년
15,600여 근의 일본 석은 수입되었을 것이다.

　그리고 조선 상인들과 대마도주의 대관 사이에 이루어지는 사무역
에서도 석은 동과 함께 수입대상 품목에 들어 있었다. 일본 동만큼
다량의 일본 석이 사무역을 통해 수입되었으리라고 볼 수는 없겠으나,
일본 석이 동과 함께 동전 원료의 공급 면에서 차지하는 비중은 적지
않았을 것으로 보인다.

　“동래부에서 동철(銅鐵 : 동)과 유석(鍮錫 : 석)을 매년 상납하는 수
가 은으로 값을 계산해 보면 1천여 냥에 이른다”[18)]

---

16) 원유한, 「조선후기 화폐정책에 대한 일고찰-고액전의 주용논의를 중심으로
　　-」, 1971 ; 「조선후기 동전 원료의 공급 형태」, 1974.

17)　田代和生, 「對馬藩の朝鮮流出銅調達について-幕府の銅統制と日鮮銅貿易の
　　衰退-」, 1973 ; 원유한, 「조선후기 동전 원료의 공급 형태」, 1974.

18)『숙종실록』 권22, 16년 12월 갑술.

이렇듯 숙종조에 동래부를 통해 수입되는 일본 석 못지않게 중국 석을 수입하는 데도 힘썼던 것 같다.

"함석은 중국에서 수입하지 않으면 얻을 수 없다."[19]

"남으로부터 왜동(일본동)을 사오고 북으로 연석(중국석)을 사온다."[20]

이와 같은 기록들을 통해서 중국 석이 차지하는 비중도 적지 않았음을 짐작할 수 있다. 중국 석은 역관들이 돌아오는 사행 중에 책문에서 사서 국내로 운반해 왔다. 1732년(영조 8) 석의 시가를 보면 책문에서는 15근에 은 10여 냥, 국내에서는 은 30여 냥이며, 동래의 왜관에서는 같은 양의 석이 은 50여 냥에 거래되었다. 이처럼 중국 석과 일본 석과의 값 차이가 컸기 때문에 왕조당국은 중국 석을 수입하는 데 한층 더 힘쓰게 되었던 것으로 생각된다.

이와 같이 왕조당국은 동전 원료로서 불가결한 석을 공급하기 위해 일본 석과 중국 석을 수입하려 하였으나, 값이 비싸거나 수입 절차가 간편치 않았기 때문에 국내의 수요를 충족시킬 수 없었다. 따라서 왕조당국은 국내에서 석의 채굴을 시도했으나, 석은 채취할 때의 어려움과 품질의 저하로 좋은 결과를 가져오지 못했던 것으로 보인다.[21]

---

19) 『비변사등록』 123, 영조 27년 8월 18일.

20) 『일성록』, 순조 16년 7월 14일.

21) 원유한, 「조선후기 동전 원료의 공급 형태」, 1974.

나. 국내 동광의 개발

세종조에 동전유통 정책을 추진함으로써 원료로서 동의 수요는 급증하였다. 왕조당국은 국내 동광 개발을 시도하였으나, 전통적인 조선왕조의 일관된 광업개발 소극화 정책, 채광기술의 미숙 등이 원인이 되어 동광 채굴 성과는 보잘 것 없었다. 따라서 조선왕조는 동전 원료의 공급을 주로 일본 동의 수입에 의존하게 되었고,[22] 조선전기의 동전유통 정책이 중단됨으로써 동전 원료를 공급하기 위한 국내 동광 채굴 의욕은 둔화되었다.

왜란 이후부터 적극 추진한 동전유통 정책은 시행착오만 거듭하다가 17세기 중반에 이르러 중단되고 말았다.[23] 왕조당국이 동전의 유통 보급을 적극 시도한 이 반세기간에는 조선과 일본 사이에 공·사 무역을 통해 매년 수입해 오는 일본 동을 동전 원료에 충당하였다. 이 시기에는 동전을 광범하게 유통 보급시키지 않고 시험적으로 사용한 시기였고, 또한 중국 동전을 직접 수입해서 사용할 수도 있었기 때문에 동전의 원료 공급을 위한 부담은 그다지 심각한 것이 아니었다. 그리하여 17세기 전반기에도 국내 동광의 채굴 의욕이 절실하지 않았던 것이다.

1650년대에 일단 중단되었던 동전유통 정책은 1670년대부터 다시 실시되면서, 각 기관에서 동전주조 사업이 대대적으로 설행됨에 따라

---

22) 최호진, 『한국화폐소사』, 1974 ; 고승제, 『근세한국산업사연구』, 1959 ; 小葉田淳, 「中世後半に於ける日鮮金銀貿易の研究」, 1951.

23) 원유한, 「조선후기의 금속화폐 유통정책-17세기 전반의 동전유통 시도기를 중심으로-」, 1972.

94

동전 원료의 공급은 심각한 문제로 제기되었다.[24] 당시 일본 동의 수입 전망이 확실하지 않았기 때문에 왕조당국은 화폐 원료 공급을 위하여 내장했던 동을 지급하고, 유기(鍮器)의 사용을 제한하면서 파동을 수집하였다. 또한 1678년(숙종 4) 10월 화폐주조 사업의 중단을 막기 위하여 동광 개발을 결정하였다.[25] 국내 모든 동광 채굴이 결정된 뒤 어느 정도의 동이 채굴되어 화폐 원료로 사용되었는지에 대해서는 알 수 없다. 단지 1682년(숙종 8)에 장연지방의 동광을 채굴하여 군기 원료에 충당하려고 한 기록만이 있을 뿐이다. 그러나 1684년부터 일본과의 사무역을 통해 다량의 일본 동이 국내에 수입되면서 동전 원료나 군기 원료를 공급하기 위한 국내 동광의 채굴은 둔화되었다. 1680년대 초부터 1690년대 말에 이르는 시기에는 매년 3만 근의 동이 공무역으로 수입되는 한편 사무역에 의해서 총 6백만 근에 달하는 동이 수입되었다.[26] 이는 국내의 동광 개발 의욕을 둔화시키기도 하였지만, 다량의 화폐가 주조되어 동전의 유통 기반을 확립하였다는 데 의의가 있다.[27]

사무역을 통한 일본 동의 수입도 1697년(숙종 23)을 절정기로 하여 점차 그 수입량이 줄어들기 시작하였다. 1716년(숙종 42)부터 일본 측에 의해 조선왕조의 동 수입량은 매년 10만 근으로 제한되기에

24) 원유한, 「조선시대 화폐사 시기구분론」, 1981.

25) 『비변사등록』 34, 숙종 4년 10월 17일 ; 원유한, 「이조 숙종시대의 주전에 대하여」, 1964.

26) 田代和生, 「對馬藩の朝鮮流出銅調達について－幕府の銅統制と日鮮銅貿易の衰退－」, 1973.

27) 원유한, 「조선후기의 동광연구－동광개발 정책을 중심으로－」, 1983.

이르렀다. 1697년 국가의 동전주조 사업을 끝마친 뒤부터 1742년(영조 18)까지 동전이 주조 발행되지 못하였기 때문에 그동안에는 동전 원료 의 공급 문제가 그렇게 절실하게 느껴지지는 않았던 것으로 보인다. 단지 1729년에 어영청에서 군기(軍器) 원료의 공급을 위해 이천과 안변 사이에 있는 동광의 채굴을 요청한 일이 있었을 뿐이다.28)

1742년(영조 18)에 조선왕조는 본격적으로 동전을 다시 발행할 것을 결정하여 호조와 진휼청에서 동전을 주조하게 됨에 따라 동전 원료의 수요는 증가되었다.29) 그러나 일본 동의 수입 한계량이 매년 10만 근으로 한정된 데다가 전량을 수입한다는 보장도 없었으므로,30) 왕조당국은 국내 동광의 채굴이 더욱 필요하게 되었다. 따라서 왕조당 국은 화폐 원료 공급의 한계를 벗어나기 위하여 소극적으로는 화폐의 액면가치를 고액화하여 원료를 절약하는 방법을 모색31)하는 한편, 원료의 공급을 위해 안변 동광을 채굴하기로 하였다.32) 또한 1741년(영 조 17)에는 호조와 각 군영으로 하여금 필요에 따라 수안 동광을 채굴할 수 있도록 허가하였다. 왕조당국은 일반인에게 동 채굴을 허가하여 세금을 징수하는 종래의 설점채동제(設店採銅制)를 폐지하고 동을 필

---

28) 『비변사등록』 86, 영조 5년 8월 23일.

29) 원유한, 「조선후기 동전원료의 공급형태」, 1974.

30) 田代和生, 「對馬藩の朝鮮流出銅調達について-幕府の銅統制と日鮮銅貿易の 衰退-」, 1973.

31) 원유한, 「조선후기화폐정책에 대한 일고찰-고액전의 주용논의를 중심으로 -」, 1971.

32) 『영조실록』 권30, 7년 10월 경자.

요로 하는 관청과 군영에서 직접 채굴하게 했던 것이다.[33] 이것은 설점채동제를 실시하는 과정에서 파생되는 채광과 징세의 폐단을 극복하려는 데 목적이 있었다. 이것은 동광 경영 면에서 국가의 통제력이 강화되는 것을 뜻하는 것으로 왕권 강화와 아울러 국가 통치권력의 강화를 배경으로 하여 취해진 조치로 보아야 할 것이다.[34]

수안 동광의 채굴이 허가되자 군기시(軍器寺)는 1741년에 군기 제조를 위해 동광 채굴에 착수하였고,[35] 1742년(영조 18)에는 호조·진휼청 및 군영에서 동전 원료의 공급을 위해 수안 동광을 채굴하였다.[36] 이어 동전 원료와 군기 원료에 충당하기 위해 보은·안변 등지의 동광을 채굴하게 되었다.[37] 이로 인해 1774년(영조 50)에 시행된 화폐 주조 사업에 공급된 국내생산 동과 일본 동의 비율이 1대 2가 될 정도로 채광기술 및 동을 제련하는 기술이 향상되었다.

그러나 정조조에도 동전 원료의 공급 전망은 크게 좋아지지 않았는데, 특히 일본 동의 수입 조건이 개선될 가능성이 보이지 않았다. 일본 동의 수입 조건이 불리한 채 지속되었기 때문에 1780년(정조 4)부터 국내 동광인 안변 동광의 채굴 문제가 논의되기 시작하였다.[38] 1785년(정조 9)에 동전주조 사업이 대대적으로 설행되자 동전 원료의

---

33) 『비변사등록』 90, 영조 7년 10월 12일.

34) 원유한, 「조선후기의 동광연구-동광개발 정책을 중심으로-」, 1983.

35) 『비변사등록』 108, 영조 17년 2월 27일.

36) 『영조실록』 권56, 18년 9월 경오.

37) 『만기요람』 「재용편 4」, 금은동연.

38) 『비변사등록』 161, 정조 4년 6월 1일.

공급을 목적으로 안변 동광을 채굴하였다.[39] 안변 동광 이외에도 연풍
·금성·수안·순천 등지에 있는 동광의 채굴에 대한 논의도 있었으나
실현되지 못했다. 1787년(정조 11) 3월에 이르러서는 은광과 함께
동광의 설점사채를 엄격히 금지시켰다. 국가의 허가를 받지 않고 일반
민이 동광을 채굴하는 것을 엄금한다는 사실을 각 도에 알리고 사채(私
採)를 막지 못하는 지방관을 처벌하기로 하였다.[40]

　　논의하는 자는 혹 지리를 장색함이 불필요하다고 하나 그것은 옳은
　의논이 아니다. 동을 구하려고 하면 왜동이 있고, 은을 구하고자 하면
　연은(중국은)이 있는데, 어찌 반드시 땅에 남아 있는 것을 없앤 뒤에
　내 나라를 부유하게 한다고 할 것인가?[41]

　이처럼 국왕 정조는 일본 동의 수입으로 국내의 동 수요는 충당될
수 있다고 생각했던 것으로 보인다.
　국내의 동 수요를 일본 동의 수입에 의존하고 동광의 개발을 억제하
려는 정책적 고려는 1816년(순조 16)경까지 지속된 것 같다. 그것은
1787년(정조 11)에 동광 사채를 금지한 뒤 1816년까지 거의 30년간
동광 채굴 시도가 별로 없었던 것을 미루어 짐작할 수 있다.[42] 물론
이상 30년에 가까운 동안에는 일본 동의 수입 조건이 종래보다 개선되

39)『비변사등록』169, 정조 10년 8월 21일.
40)『정조실록』권23, 11년 3월 을축.
41)『비변사등록』173, 정조 12년 10월 4일.
42) 원유한,「조선후기의 동광연구-동광개발 정책을 중심으로-」, 1983.

98

지 않았고, 또한 국내 동광도 채굴하지 않았기 때문에 1816년에 들어서서 국내 동광의 채굴을 시도할 수밖에 없었다. 그 이유는 1816년 6월 동전주조 사업을 중단할 정도로 원료가 부족했기 때문으로, 국내의 모든 동광을 채굴할 수 있게 하였다.[43] 헌종조의 학자 이규경의 저서 『오주연문장전산고(五洲衍文長箋散稿)』에 의하면 당시 국내에 27개소의 동광이 있었던 것으로 되어 있다.[44] 각지의 동광 중에 어느 것이 채굴되었으며, 동의 채굴 실적이 어떠하였는지는 기록이 없어서 자세히 알 수는 없다.

왕조당국은 국내 각지의 동광을 채굴하는 동시에 왜관(倭館)을 통해 수입되는 일본 동과 각 동광에서 채굴되는 동을 모두 공용에 충당할 수 있도록 하기 위해 사상들의 비밀 거래를 엄금하였다.[45]

1820년(순조 20)부터는 일본 동의 수입 한계량이 종래의 매년 10만 근보다 증가되었다. 일본 동의 수입 한계량은 점점 증가되어 1855년(철종 6)부터 1866년(고종 3)까지는 매년 21만 1천 근에 이르렀다.[46] 더구나 이 시기 함경도 갑산동광의 적극적 개발은 동전 원료 공급 면에 일어난 획기적인 사실이었다. 갑산동광은 1828년(순조 28)경부터 채굴되기 시작했는데[47] 매장량이나 품질에 있어서 국내의 대표적인 동광

---

43) 『일성록』, 순조 16년 윤3월 15일.

44) 이규경,『오주연문장전산고』하, 잡고. 원유한,「조선후기 동전원료의 공급형태」, 1974 ; 田代和生,「對馬藩の朝鮮流出銅調達について-幕府の銅統制と日鮮銅貿易の衰退-」, 1973.

45) 『일성록』, 순조 16년 윤6월 15일.

46) 田代和生,「對馬藩の朝鮮流出銅調達について-幕府の銅統制と日鮮銅貿易の衰退-」, 1973.

이었다.48) 왕조당국이 갑산동광의 개발에 착수한 이래 동전 원료의
공급난은 상당히 해소되었다. 왕조당국은 일본 동의 가격이 상승하자,
매장량이 풍부하고 품질이 일본 동에 비해서 손색이 없는 갑산동광의
채굴에 힘썼다.49)

　　갑산동광의 개발로 동전 원료의 공급 면에 있어서 일본 동에 대한
의존도는 줄어들고, 상대적으로 국내 채굴 동에 대한 의존도는 증대되
었다. 화폐 원료 공급에 있어서 갑산동광의 중요성이 인정됨에 따라
1834년(순조 34)부터는 갑산동광의 소재지인 함경도의 감영에서 동전
을 주조하여 원료 운반비를 절약하자는 논의가 일어났다.50) 그리하여
1863년(철종 14)에는 함경도 감영에서 갑산동광으로부터 채굴된 동을
원료로 하여 동전을 주조 발행하기에 이르렀다.51) 그러나 갑산동광은
1863년(고종 즉위) 12월에 흥선대원군이 함경도 감영에서 설행되던
동전주조 사업을 철폐함과 동시에 폐광되고 말았다.52) 그 이후 갑산동
광은 다시 개발되어 1883년(고종 20)에는 150톤의 동을 채굴하여 당시
왕조당국이 주조 발행하고 있던 당오전의 원료에 충당하였다.53)

---

47) 『일성록』, 순조 28년 9월 5일.

48) 『일성록』, 철종 4년 4월 28일.

49) 원유한, 「조선후기 동전원료의 공급형태」, 1974.

50) 『비변사등록』 222, 순조 34년 3월 21일.

51) 『일성록』, 철종 13년 8월 27일.

52) 『고종실록』 권1, 고종 즉위년 12월 8일 ; 『일성록』, 고종 즉위년 12월 20일.

53) 원유한, 「당오전고」, 1967.

다. 동광 개발의 제약 요인

　조선왕조의 국내 동광 개발에 대한 관심은 주로 동전주조나 군기 제조와 같은 중요한 국가적 사업의 원료 공급을 위한 동의 수요량이 급증할 경우에 일어났다. 국내 동광 개발은 흔히 수입되는 일본 동만으로 수요량을 충족시킬 수 없다고 생각될 때, 부족되는 수량을 보충하기 위해 시도되었던 것이다. 그리하여 부정기적이기는 하였지만 동전주조나 군기 제조와 같은 중요한 국가적 사업이 수행되는 경우를 제외하고는 국내의 동광을 개발하지 않으려는 것이 왕조당국의 기본 방침이었던 것으로 보인다.

　당시 국내에는 상당히 여러 지방에 동광이 분포되어 있었다. 여러 곳의 동광 중에는 매장량이 풍부하고 동의 품질도 일본 동에 비해서 손색이 없는 동광도 적지 않았다. 그럼에도 불구하고 왕조당국은 조선시대 거의 전반에 걸쳐서 국내 동광의 개발보다는 일본 동의 수입에 주력하였다. 조선왕조가 국내 동광의 개발에 소극적 태도를 취하게 된 국내 동광 개발의 제약적 요인으로서는 다음과 같은 몇 가지 사실을 지적할 수 있을 것이다.[54]

　첫째, 조선왕조가 개국 초부터 추진한 전통적인 광업 개발 소극화 정책을 보수적인 왕조 당로자들이 지속하려고 했던 일반적 경향이 강하였다. 이것은 '조종지법(祖宗之法)'을 변경 또는 개혁할 수 없다는 전통적인 조선왕조의 일관된 보수적 관념이 동광 개발에 반영된 결과로 볼 수 있다.[55]

---

54) 원유한, 「조선후기의 동광연구-동광개발 정책을 중심으로-」, 1983.

둘째, 일본 동의 수입 가능성은 국내 동광 개발의 필요성이나 의욕을 둔화시켰다. 일본 내에는 동의 매장량이나 품질면에서 우수한 동광이 많고 일찍부터 채광기술도 발달하여 17세기 후반에는 세계 제1의 동 생산국이 되었다. 조선전기뿐만 아니라 왜란 이후 일본의 적극적인 요청에 의해서 이루어진 양국 간의 무역에 있어서, 일본은 다량의 동을 조선에 수출하려 했기 때문에 조선왕조는 비교적 유리한 입장에서 일본 동을 수입하여 국내 수요에 충당할 수 있었다. 그리하여 왕조당국은 노력에 비해 대가가 적은 국내 동광의 개발에 집착하기보다는 일본 동의 수입에 우선했고, 이로써 국내의 동광 개발은 자연히 둔화될 수밖에 없었던 것이다.

셋째, 국내의 동광을 개발할 경우에 수반되는 사회경제적 영향이 당시의 왕조 당로자들로 하여금 동광 개발에 소극적인 입장을 취하게 하였다. 당시 동광을 채굴하는 지방에서는 사리(射利)를 노리는 무뢰한들이 모여들어서 사기·절도 행위가 횡행하고, 사치풍조를 불러일으키는 동시에 농민이 상업적 이익을 취하기 위해 본업인 농사를 게을리하는 풍조가 조장되었다는 기록이 보인다.[56] 이러한 전통적 사회질서의 혼란 내지 경제윤리의 변질은 당시의 전통적인 가치관에서 볼 때 심각한 사회경제적 폐단으로 생각되었고, 이것은 곧 국내의 동광개발을 저해한 원인의 하나가 되었다.

넷째, 국내의 동광을 개발할 경우, 동광 채굴 및 징세 과정을 철저하

55)『영조실록』권30, 7년 10월 경자.
56)『비변사등록』222, 순조 34년 4월 11일.

고 합리적으로 관리 감독하는 데 필요한 동광 경영체제와 채굴기술이 미숙하였다. 따라서 국내 동광을 채굴한다더라도 실제적인 면에서 볼 때 수지 타산이 맞지 않았던 것 같다. 동광을 채굴하는 데 있어서 '설점수세제(設店收稅制)'를 실시할 경우 국가의 수입은 10분의 1 또는 2에 지나지 않았으므로, 사실상 왕조당국은 동광을 채굴할 의욕을 가질 수 없었을 것이다.[57]

다섯째, 당시 채굴 내지 취련(吹鍊) 기술의 미숙은 국내의 동광 개발을 제약한 중요하고도 직접적인 원인이 되었던 것으로 보인다. 왕조당국은 한때 동래 거주인으로 하여금 왜관에 가서 동광 채굴과 취련 과정에 필요한 기술을 습득하게 하여 동광 개발기술의 개선을 시도한 일도 있었다. 그러나 일본은 자기 나라에서 대량 생산되는 동을 조선에 수출함으로써 적지 않은 이익을 취하고 있는 상황에서 왜관을 통한 기술 이전을 제대로 해주지 않은 것으로 보인다. 이는 "아동(我東, 조선)은 국내에 동이 생산되는데도 취련법을 모르기 때문에 공·사용으로 왜동을 전적으로 사용한다."[58]고 한 기록을 통해 짐작할 수 있다. 그리하여 정약용은 동광 개발기술의 미숙성을 극복하기 위해 중국으로부터 채동기술을 도입 활용할 것을 제의하기도 하였다.[59] 그러나 18세기 말부터는 국내의 동광 개발기술이 어느 정도 발전하면서, 국내에서 채굴한 상당량의 동이 동전 원료로 충당될 수

---

57) 『비변사등록』 90, 영조 7년 10월 12일.

58) 『정다산전서』 하, 「경세유표」2, 전환서.

59) 원유한, 「조선후기 동전원료의 공급형태」, 1974.

있었다.

라. 동전 원료난의 영향

왕조당국은 17세기 초부터 동전유통 정책을 적극적으로 시행하면서 동전 원료의 주된 공급원을 일본 동의 수입에서 찾고 있다. 조선후기의 전시기에 걸쳐 살펴보면 일본 동의 수입량이 증감추세를 나타내고 있으나 대체로 일본 국내 사정, 즉 동 생산 실적의 부진과 조선에 대한 무역의 규제로 조선 국내에서 필요로 하는 동을 충분히 수입할 수 없었다. 이러한 점은 동의 경우에 있어서만 그러했던 것은 아니고 중국이나 일본으로부터 석을 수입하는 데도 마찬가지였다.

일본이나 중국으로부터 동전 원료의 수입으로 국내의 수요를 충족시킬 수 없게 되자 왕조당국은 그 보완책으로서 동전 원료의 국내 생산을 시도하였다. 동전의 주원료인 동의 국내 생산 실정은 여러 가지 제약 요인으로 1820년대 말까지 보잘것없었다. 조선후기에 있어서 동전 원료의 2대 공급처라고 볼 수 있는 일본과 중국으로부터의 수입 부진과 국내 생산 실적의 불량으로 동전 원료의 국내 수요를 거의 충족시킬 수 없는 상태에 놓여 있었다. 더구나 동과 석은 군기와 유기 제조의 주요 원료였기 때문에 동전 원료난은 더욱 심해졌으며, 유통과정에서 상인들의 농간으로 한층 더 심각해졌다. 상역(商譯)들과 부상들은 왜관이나 동광에서 비밀 거래를 통한 폭리를 취하기 위해 일본 동이나 국내 채굴 동을 매점하여 퇴장시킴으로써 동의 원활한 유통과 공급을 저해하였다.[60]

조선후기 거의 전반에 걸쳐서 일어난 동전 원료의 공급난은 화폐정 책이나 화폐경제 발전면에 직접·간접적으로 큰 영향을 끼치게 되었 다. 조선왕조가 17세기 초부터 동전유통 정책을 적극적으로 추진한 이후, 초기의 동전유통 보급 단계에 있어서는 동전 원료난으로 화폐정 책 운용상에 필요한 수량의 동전을 주조 발행할 수 없게 되었다. 이것은 당시의 동전유통 정책이 1650년대에 중단된 중요한 원인이 되었다. 1670년대부터는 동전이 법화로 채택, 유통되기 시작하여 동전의 유통 은 점점 국내 전역으로 보편화되었다. 동전의 화폐 기능이 원활해지고 동전유통 영역이 확대됨에 따라 유통계의 화폐 수요량은 급격히 증가 되었다. 그러나 동전 원료의 부족으로 유통계에서 필요로 하는 동전을 충분하게 주조 발행할 수 없게 되자, 유통계에 화폐 유통량의 부족 현상인 전황(錢荒)이 일어나게 된 것이다. 동전 원료난을 직접적인 원인으로 하여 일반 유통계에 일어난 전황은 조선후기의 화폐경제 발전을 저해한 중요한 원인이 되었다.[61]

1730년대부터 동전 원료의 공급난은 동전 품질의 조악화를 조장하 게 되었다. 동전 일문의 무게를 규정량인 '2전 5푼'에서 점점 줄여서 '1전 2푼'으로 감축시켰고, 동전에 잡철을 섞음으로써 품질도 더욱 나빠졌다. 이는 왕조당국이 제한된 원료를 가지고 다량의 유통가치를 조성하여 동전주조 사업의 보다 높은 이윤을 추구하려 한 데서 더욱 조장되었다. 이처럼 동전 원료의 공급난이 직접적인 원인이 된 동전

---

60) 원유한, 「조선후기 화폐 유통에 대한 일고찰-전황문제를 중심으로-」, 1972.

61) 원유한, 「조선후기 화폐 유통에 대한 일고찰-전황문제를 중심으로-」, 1972.

품질의 조악화 경향은 조선후기의 화폐경제 발전을 저해한 원인의 하나가 되었던 것이다.62)

조선후기에 있어서 동전 원료의 공급난은 당시의 화폐정책 시행 과정에 변화를 초래하였다. 제한된 동전 원료를 가지고 여러 기관에서 같은 시기에 동전을 주조하게 되면 원료의 값이 급등한다고 하여 동전 주조 관리를 획일화하려는 정책이 대두되었다. 그리고 동전을 일시에 다량 주조하지 않고 매년 원료 공급이 가능한 범위 내에서 일정량의 동전을 주조 발행하는 '연례주전'을 시도하게 된 것이다. 그리고 조선후기의 동전 원료 공급난은 화폐제도 자체의 개혁을 모색하지 않을 수 없게 하였다. 소재가치를 극소화하고 명목가치를 극대화하기 위한 한 방법으로서 당이·당오·당십·당백전과 같은 각종의 고액전을 주조 유통하자는 논의가 거듭 일어나게 되었다. 한편 당시에는 동전과 원료를 달리하는 은화·철전 및 금화를 주조 유통함으로써 동전 원료 난을 극복하자는 화폐개혁론이 제기되어 논란이 되기도 하였다. 뿐만 아니라 값이 싼 중국 동전을 수입하여 동전과 병용시켜 동전 원료 공급난과 이로 인한 전황 등 여러 가지 부정적인 요인을 극복하려고 하였다.63)

조선후기에 있어서의 동전 원료의 공급난은 그 시대의 화폐정책 시행면에 있어서나, 화폐경제 발전면에 거의 결정적으로 부정적인 영향을 끼쳤던 것이다. 한편 조선후기에 일본이나 중국으로부터 동·

---

62) 원유한, 「18세기에 있어서의 화폐정책-동전의 주조사업중심-」, 1967.

63) 원유한, 「조선후기 화폐정책에 대한 일고찰-고액전의 주용논의를 중심으로
  -」, 1971.

석 등의 동전 원료를 수입한 것은 그것의 국내 채굴 의욕을 위축시킨 점도 있지만, 조선후기의 화폐경제 발전을 촉진하는 데 적지 않게 기여했다는 사실도 간과할 수 없다.[64]

2. 동전주조 사업의 이윤

1670년대부터 동전이 법화로서 일반유통계에서 화폐 기능을 발휘할 수 있게 된 이후 화폐유통 지역은 국내 전역으로 점차 확대되고, 화폐유통의 경제적 가치 인식이 심화됨에 따라서 동전주조 사업의 이윤은 확대되었다. 따라서 조선왕조는 화폐주조 발행사업을 큰 이권 사업으로 보고 '화권재상'의 명분을 내세우면서 화폐주조 발행권을 중앙에서 독점하려고 했다.

1670년대 이후 왕조당국이 화폐를 발행하게 된 것은 동전을 주조 발행함으로써 화폐주조 사업에 소요된 일체의 경비를 제외한 이득인 화폐 사업의 이윤을 취해서 거의 만성적인 국가재정의 궁핍을 보완하려는 목적이 있었다. 또한 왕조당국은 화폐경제가 점점 확대 보급됨에 따라 나타나는 통화량의 부족 현상인 전황의 폐단을 극복하려고 하였던 것이다. 전자가 국가의 응급 재정 수요를 충당하기 위한 임시방편이라고 한다면, 후자는 일반 유통계에 있어서의 통화량을 조절하여 화폐유통을 원활하게 하려는 화폐정책적 고려에서 화폐를 주조 발행한

---

64) 원유한, 「조선후기 동전 원료의 공급 형태」, 1974 ; 「조선후기의 동광연구-동 광개발 정책을 중심으로-」, 1983.

것이라고 할 수 있다. 1670년대부터 동전이 법화로서 계속 유통 보급된
이후 조선왕조가 화폐를 주조 발행하게 된 직접적인 동기는 통화량의
조절을 통해 화폐유통을 원활히 한다는 것보다 국가의 응급 재정 수요
를 조달하려 했던 경우가 더 많았다.

　전통적으로 조선왕조의 경제 기반은 자연 조건의 민감한 영향을
받는 농업이었으므로, 한수해가 잦았던 당시에 국가의 재정 궁핍은
거의 만성적이었다. 따라서 국가재정과 구호비 조달의 응급성에 비추
어 짧은 기일 내에 최다량의 재화를 마련하는 데는 화폐인 동전을
주조 발행하는 것이 최선의 방법이었다. 그리하여 왕조당국은 각 중앙
관서와 지방관청의 경비, 각 군영의 군사비 등 국가의 응급 재정 수요와
한수해로 피해를 입은 농민의 구호비를 조달하기 위해 수시로 화폐를
주조 발행하였던 것이다.

　화폐주조 사업의 이윤은 높았으며, 이윤 변동의 폭도 또한 컸다.
1670년대부터 1860년대에 이르는 약 2세기 동안 화폐주조 사업의 이윤
율 및 변동 상황은 다음과 같다.[65]

화폐주조 사업의 이윤율 및 변동 상황(1670년대~1860년대)

년도	1679년 (숙종 5)	1731년 (영조 7)	1755년 (영조 51)	1798년 (정조 22)	1807년 (순조 7)	1814년 (순조 14)
이윤	50%	50%	30%	20%	12%	10%
년도	1825년 (순조 25)	1830년 (순조 30)	1832년 (순조 32)	1855년 (철종 6)	1857년 (철종 8)	1886년 (고종 3)
이윤	10%	27%	27%	20%	24%	360%

65) 원유한, 「18세기에 있어서의 화폐정책－동전의 주조사업 중심－」, 1967.

  표의 내용66)과 같이 조선왕조가 화폐를 발행함으로써 취하는 직접
적인 수익 증감의 변동 폭은 상당히 컸다. 대체로 조선후기에 있어서
화폐주조 사업으로부터 취득하는 이윤의 변동 추세에서 1670년대의
50%로부터 점점 그 이윤율이 낮아져서 19세기 초에는 10%선까지 내려
갔고, 다시 20% 이상의 선을 유지하다가 1860년대에 당백전을 주조
유통함으로써 약 360%로 급상승하고 있음을 알 수 있다.

  이러한 화폐주조 사업의 이윤이 변동하게 되는 것은 동전의 체재와
품질을 개선하려는 왕조당국의 정책적 고려에서 원인을 찾아 볼 수
있지만, 더 중요한 원인은 화폐 원료의 주종을 이루는 동의 값이 변동하
기 때문이었다. 18세기 초부터 19세기 초에 이르는 시기에 있어서
은 1냥을 가지고 구입할 수 있는 동의 수량을 보면 1706년(숙종 32)
8.3근, 1720년(경종 즉위) 1근과 같이 최고 8근으로부터 1근으로 격감되
고 있다. 따라서 17세기 말부터 19세기 초에 이르는 동안 화폐주조
사업의 이윤이 50%에서 10%선까지 하강한 원인은 화폐 원료의 공급난
때문이었다는 것을 파악할 수 있을 것이다. 그리고 1860년대에 화폐주
조 사업의 이윤이 약 360%선 이상으로 급상승하게 된 것은 흥선대원군
(興宣大院君)이 중앙집권적 지배체제의 재정비 과정에 필요한 거액의
재원을 확보하기 위해 당백전을 주조 유통하였기 때문이다.67)

---

  66) 이윤율 및 변동 상황은『숙종실록』등 관찬기록을 중심으로 계산되었음.
    『숙종실록』권8, 5년 9월 술신 ;『비변사등록』57, 경종 32년 4월 29일 ;『비변
    사등록』74, 경종 3년 5월 3일 ;『비변사등록』90, 영조 7년 10월 23일 ;『비변
    사등록』184, 22년 5월 25일 ;『비변사등록』204, 순조 14년 2월 16일 ;『추관
    지』3, 고율부 주전 ;『만기요람』,「재용-4」, 주전식 등 참조.
  67) 원유한,「대원군 집권기의 화폐정책에 대한 고찰」, 1973.

화폐의 주원료인 동의 값이 점점 상승하여 국가의 화폐주조 사업은 쉽게 이루어질 수 없었다. 따라서 왕조당국은 궁여책으로 동전의 품질을 견실(堅實)하게 주조 발행하지 않을 수 없다는 화폐정책 시행상의 절실한 요청과 화폐주조 사업의 이윤을 보다 많이 취하겠다는 양면적인 고려에서 화폐의 명목가치를 고액화하는 방법을 모색하지 않을 수 없었다. 결국 왕조당국은 액면가치를 높이면서 동전의 무게를 점차 줄이는 방법을 모색하였다.『속대전』‘국폐’조에 동전 1문의 무게를 ‘2전 5푼’으로 규정[68]하였지만, 1742년(영조 18) 2전, 1752년(영조 28) 1전 7푼, 1757년(영조 33) 1전 2푼, 1800년대 초(순조 초) 1전 2푼으로 점점 가벼워졌다.[69]

따라서 화폐의 체재와 품질의 법정 기준을 유지하면서 왕조당국이 추구하는 화폐주조상의 이윤은 얻을 수 없었다. 그리하여 왕조 당로자들을 비롯한 각 계층으로부터 값이 비싼 동을 가지고 화폐를 주조하면 이윤이 적고 화폐 체재와 품질이 조악해진다는 이유로 액면가치가 높은 각종의 고액전을 주조하여 유통시켜야 한다는 주장이 종종 제기되었다. 그 대표적인 예로서 1798년(영조 22)에 호조판서 김화진이 제의한 당오・당십전의 주조 유통론을 들 수 있다. 그는 화폐 원료의 값이 비싸서 당오・당십전과 같은 고액전을 주조 유통하지 않으면 화폐주조 사업의 이윤은 조금도 없다는 점을 지적하면서, 종래의 동전보다 12배의 이윤을 얻을 수 있는 당오전이나 34배의 이윤이 남는

---

68)『속대전』 3.

69) 원유한,「18세기에 있어서의 화폐정책-동전의 주조사업 중심-」, 1967.

당십전을 주조 유통할 것을 주장하였다. 김화진은 당오전이나 당십전을 주조 유통함으로써 동전이 얇고 작아서 쉽게 부서지는 폐단을 없애는 동시에 궁핍한 국가재정을 보완하고자 하였던 것이다.70)

18세기 초부터 19세기 초에 이르는 시기에 주장된 각종 고액권의 주조 유통론은 개혁을 꺼리는 전통적인 조선사회의 보수적 가치관의 견제와 화폐의 가치를 실용성에서 찾는 화폐 가치관이 지배적이던 당시의 사회경제적 여건이 직접·간접적 원인이 되어서 논의에 그치고 말았다. 그러나 1860년대에 흥선대원군이 집권하면서 당백전을 파격적으로 대량 주조 발행하기에 이르렀다. 당시 왕조당국이 1천 6백여만 냥에 달하는 막대한 수량의 당백전을 주조 발행함으로써 약 360%라고 하는 고율의 화폐주조 사업 이윤을 취했고, 이로써 중앙집권적 지배체제를 재정비하는 데 필요한 막대한 재정 수요에 충당할 수 있었던 것이다.

동전이 법화로서 화폐 기능을 발휘하게 된 1670년대부터 전통적으로 경제기반이 취약한 조선사회에 있어서 화폐주조 사업은 높은 이윤을 취할 수 있는 영리 사업이었고, 화폐주조 사업의 이윤은 주요 화폐 원료인 동의 값과 같은 함수 관계가 있다는 사실을 파악할 수 있다. 그리고 왕조 당로자들이 화폐주조 사업의 보다 높은 이윤을 취하려는 욕구가 강렬할수록 화폐 품질의 조악화 경향은 조장되어서 원활한 화폐경제 발전의 저해 요인이 되었다. 그러나 조선후기에 2전 5푼으로 규정된 동전 1문의 무게가 1전 2푼으로까지 줄어들었음에도 계속 통용

70) 『일성록』, 정조 22년 5월 7일 ; 『비변사등록』 187, 정조 22년 5월 5일.

될 수 있었다든지, 그것이 곧 실현될 수 없었을지라도 각종 고액전의
주조 유통 문제가 빈번하게 제기 논의되고, 마침내는 당백전이 어느
기간 동안이라도 통용될 수 있었다고 하는 사실들을 통해서 당시의
일반 유통경제 면에 나타난 발전적 변화를 찾아볼 수 있는 것이다.
이상과 같이 명목가치에 비해 실질가치가 낮은 화폐가 당시의 일반
유통계에서 통용되고 있었다는 사실은 화폐의 가치를 실용성에서 찾
고 있던 전근대적 화폐 가치관이 명목가치 중심의 근대적 화폐 가치관
으로 전환되는 과정에서 보이는 중요한 발전적 변화를 의미하는 것으
로도 해석될 수 있기 때문이다.

3. 동전의 주조 기술

'로마' 또는 '갈리아'를 제외한 서양의 조폐기술이 고대로부터 현대
에 이르기까지 타인(打印) 혹은 타출(打出)의 방법으로 일관하였음에
비해, 중국을 비롯한 동양에서는 주로 주조 방법에 의존하여 왔다.
동양에서는 주조 방법이 일찍이 중국으로부터 시작하여 한국과 일본
으로 전파되었다.[71]

화폐주조 방법이 중국으로부터 최초로 우리나라에 전래된 것은
10세기 말로 짐작된다. 한국 역사상 역대 왕조에 있어서, 중국으로부터
전래된 주조 기술인 화폐주조 방법은 기술적으로 특기할 만한 개량과

---

71) 江澤讓爾,「古代に於ける東洋の造幣技術の特徴とその經濟史的意義」,『社會
經濟史學』9~10.

발전 없이 거의 그대로 전습되었던 것으로 보인다. 화폐주조 방법은 원형의 금속편에 각인(刻印)을 눌러 화폐를 찍어내는 기계화한 근대적 주조 기술과는 달리, 쇳물을 거푸집[鎔范, 鑄型]에 부어 넣는 수공업적인 조폐기술이었다. 이는 1894년(고종 31) 평양 주전소가 폐지될 때까지 상평통보류의 동전을 주조하는 데 활용되었다.[72]

조선시대 특권적 수공업의 하나인 동전주조 사업에서 활용되었던 주조기술에 대하여, 시설·기구·주전 기술자·잡역 동원 및 공정과 기술에 있어서의 한계성까지 살펴보도록 하겠다.

가. 주전 시설과 기구

조선후기에 동전을 주조하는데 필요한 시설과 기구에 관한 내용이 비교적 구체적으로 기록되어 있는 자료는 『주록(鑄錄)』[73]으로서, 거기에는 1852년(철종 3)부터 1857년(철종 8)까지 6년간의 동전주조 사업에 관계된 일련의 상황이 기재되어 있다. 이를 통해 조선후기 동전주조 기술에 관한 내용을 대강 파악할 수 있다.

1850년대의 주전소에는 30대의 주전로가 설치되었고, 각 주전로에는 주전 시설과 기구들이 설치되어 있었다. 주전로는 사방이 10척되는 고주사량(高柱四樑) 건물 안에 설치되어 있었다. 각 주전로에는 주방하가(注房假家), 마광교(磨光窖), 방정방(方正房), 장색화방(匠色火房), 세철가가(洗鐵假家), 호방조역거처교(火房助役居處窖) 등 7개의 부속 건물이

---

72) 원유한, 「전환국고」, 1968.

73) 『주록』은 유원동 교수 소장의 필사본이다.

있었다. 이밖에도 작철장(斫鐵匠), 야장(冶匠), 조이장(稠伊匠), 주장(注匠) 등이 작업을 하기 위한 건물과 기구가 배치되어 있었다.

각 주전로마다 70여 종의 연장(鍊粧)이 필요한데, 그 수효는 150여 개에 이를 정도로 다종다양하다.[74] 그리고 각 주전 기술자들이 사용한 기구의 종류를 업무 분야별로 살펴보면 마련장용(磨鍊匠用) 8종, 세철장용(洗鐵匠用) 6종, 철용장용(鐵舂匠用) 7종, 주장용(注匠用) 25종, 마광장용(磨光匠用) 12종, 작관작용(作貫匠用) 12종, 방정장용(方正匠用) 15종, 식단군용(食單軍用) 30종, 화방용(火房用) 4종의 기구가 각 주전로에 소속되어 있는 주전 기술자나 잡역(雜役)들의 업무 수행 과정에 사용되고 있었던 것 같다.[75] 그러나 이상에서 열거되어 있는 기구가 어떤 공정에서 어떻게 사용되고 있었는지는 알 수 없다. 다만 동전을 주조하는 과정에서 기술자들이 사용한 기구는 다종다양했다는 점과 또한 그들의 업무 분야가 상당히 세분되고 있었다는 점은 짐작할 수 있을 것 같다. 즉, 조선시대의 특권적 수공업이라 볼 수 있을 동전주조 사업이 상당히 높은 수준으로 분업화되고, 그 경영이 조직적이었다는 점을 짐작할 수 있다. 그러나 '주록'에 기재되어 있는 많은 기구는 모두 사용되었다기보다는 요식 행위인 듯한 인상을 주기도 한다.

나. 주전 기술자 및 잡역의 동원

17세기 초부터 동전을 법화로 유통시키기 위한 화폐정책이 적극적

---

74) 원유한, 『조선후기 화폐사 연구』, 1975.

75) 원유한, 앞의 책.

으로 시행됨에 따라 주전 기술자와 기타 잡역을 동원하는 것도 해결되어야 할 중요한 문제점으로 제기되었다. 종래부터 동전이 계속 주조 유통되었거나, 또는 동전주조 사업이 상설적인 것이었다면 국가는 동전주조를 전업으로 하는 주전 기술자를 상비해 놓을 수도 있었을 것이다. 그러나 조선전기에는 동전의 주조 유통을 일시 시도하다가 중단하였다. 그리고 조선후기인 1670년대 이후 동전이 법화로 계속 유통되고 있던 시기에 있어서도 동전주조 사업은 상설적인 것이 아니었기 때문에 주전 기술자의 동원은 용이한 문제가 아니었던 것 같다.

그러나 조선후기에 주전 기술자들의 동원 문제가 그렇게 심각하게 제기되지 않았던 것은 쇠붙이를 다루던 기술자라면 동전주조 기술 공정을 쉽게 감당할 수 있었기 때문이다. 1670년대부터 1690년대에 걸쳐 각 중앙관청·군영 및 각 지방관청에서 같은 시기에 동전을 다량 주조하였음에도 불구하고 주전 기술자들의 동원 문제가 심각하게 제기되지 않았던 것은 군기나 유기 제조에 종사하던 기술자를 전용할 수 있었기 때문이다. 이러한 사실은 다음의 사례에서 발견할 수 있다.

"주전청에 속하는 것을 원한 유기장을 각 아문에 하나만 속하는 것을 허락하였다. 이는 직장을 잃을까 하는 근심이기는 하나, ……"76)

이외에 호조와 진휼청에도 동전을 주조하게 하고, 주전 기술자로서 여러 군영 및 아문에 속해 있는 기술자들을 동원하고 있다.77) 지방관청

76) 『비변사등록』 8, 숙종 5년 2월 4일.

77) 『비변사등록』 90, 영조 7년 10월 5일.

에서 동전을 주조할 경우에는 주전 기술자를 현지에서 동원하기로
하되, 부족된 인원은 중앙에서 파견하여 협조하기로 했던 것으로 보인
다.78) 지방관청에서 동전을 주조할 때 특히 주전 기술자가 아닌 조역,
즉 잡역을 동원하는 것은 비교적 용이했을 것이다. 어느 지방에서
동전을 주조한다는 소문이 돌게 되면 각지에 떠돌아다니던 유휴 노동
자들이 모여들어 성시를 이루게 되었다고 한다. 그러나 일단 지방관청
의 주전사업이 끝나게 되면 사기·재산파괴·절도 등의 행위가 일어나
사회불안 요소가 되었던 것 같다. 그리하여 처음 고용할 때, 동전주조가
끝난 뒤에 일어날 여러 가지 사회불안의 요인을 미연에 방지하기 위해
토지를 소유하고 근거가 있는 자들을 선정한 것을 원칙으로 하였다.79)

　　그러나 17세기 말부터 조선후기의 사회경제 부문에 새로운 경향이
두드러지게 나타나게 되었다. 조선왕조의 경제기반을 이루는 토지지
배 관계의 발전적 변화를 비롯하여 대동법 실시 지역의 확대, 관영
상업 및 수공업체제의 해체에 따른 상인과 수공업자의 생산활동 자유
화 경향, 그리고 화폐경제의 보급 등이 바로 그것이다. 이와 같은 사회경
제상에 보이는 발전적 변화는 18세기부터 한층 촉진되었다. 이에 따라
상업활동이나 수공업경영을 통하여 재부를 축적한 계층이 국고 전담
하에 국가가 관리 감독하는 것을 원칙으로 하는 동전주조 사업에 직
접·간접으로 참여하여 이해관계를 가지게 되었다. 즉, 부상과 수공업
경영자가 동전주조 사업에 자본을 투입하거나 보다 적극적으로 동전

<hr>

78)『비변사등록』110, 영조 18년 1월 15일 ;『정조실록』권20, 9년 7월 정사.
79)『비변사등록』124, 영조 28년 8월 15일.

주조를 도급받아 영리를 취하게 되었다.

　동전주조 사업의 관리 형태가 이상과 같이 변질됨에 따라 주조 기술자들의 동원은 관(官)이 주도하는 종래의 방법에서 변화하지 않을 수 없었다. 특히 1850년대(철종 연간)에 동전주조를 부상 등에게 허가하고 국가는 소정의 세금을 받아들이는 도급 주전이 성행하던 시기에는 주전을 도급받은 부상 등이 자본과 기술자 동원 문제를 부담하여 해결하는 경향이 뚜렷이 나타나고 있다.[80]

　당시 동전주조의 규모에 대해서는 구체적인 기록을 찾아볼 수는 없으나, 1774년(영조 50)에 착수한 동전주조 사업에는 주전로 50대를 설치하고 주전로 당 20여 인이 필요했다고 한다. 따라서 1000여 명의 인원이 동원되었다고 할 수 있다.[81] 당시 동원된 인원 1000여 명 가운데 주전 기술자와 잡역인과의 비율을 알 수는 없으나, 일시적인 동원 인원수의 규모가 결코 적지 않은 점은 주목할 만하다. 이로써, 조선후기의 동전주조 사업이 비록 상설적인 것이 아닐지라도 그 사업 자체의 중요성은 물론 주전 시설과 기구의 규모와 종류가 크고 다양하며, 동원된 인원수가 많았다는 점에서 당시 관영수공업 부분에서 차지하는 위치와 비중이 얼마나 컸는가를 짐작할 수 있다.

　동전주조 사업에 동원된 주전 기술자 및 기타 잡역 등에게도 노역의 대가로서 매달 요포(料布)를 지급하는 것을 원칙으로 하였다. 그러나 지급할 포가 부족할 때에는 동전을 협주(挾鑄)하여 얻은 이윤으로 요포

---

80) 유원동, 『조선후기 상공업사 연구』, 한국연구원, 1968.

81) 『추관지』 3, 「고율부」 주전조.

를 대신하였다. 동전 협주로 말미암아 여러 가지 폐단이 생기자 국가는 동전 협주를 불법적인 동전주조 행위로 규정하여 그것을 엄단하고 주전 기술자들의 월급을 삭전(朔錢)이란 명목으로 동전을 지급하였다.[82] 한편 1850년대에 부상과 수공업 경영자에 의한 도급 주전이 성행하게 됨에 따라 주전 기술자나 잡역들은 자유 임금노동자의 입장에서 동전을 노임으로 받는 것이 관례화 되었다.

다. 동전주조 공정

10세기 말에 한국에 전래된 화폐주조 방법은 기술적으로 특기할 만한 개량이나 발전은 없었지만, 공정의 세분화를 이루면서 19세기 말까지 활용되었다. 조선후기에 있어서 동전주조 공정에 대해 기록상으로는 짐작할 만한 구체적 사료(史料)는 없다. 그러나 1905년 3월에 간행된 *The Korea Review*에는 비교적 상세히 조사한 '한국의 조폐소(A Korea mint)'[83]라는 보고서가 수록되어 있다. 또한 성종조에 성현(成俔)이 쓴 『용재총화(慵齋叢話)』에 조선전기 활자 주조기술이 소개되어 있는데, *The Korea Review*에서 보이는 주조기술과 기본적으로 일치하고 있다.

이 점에 미루어 볼 때, 1880년대의 조폐기술 내용을 통해 조선후기의 조폐기술을 짐작하는 데 큰 무리는 없을 것으로 보인다. 따라서 다음에 보이는 *The Korea Review* 소재 기록을 통해 주조기술을 유추해

---

82) 『추관지』 3, 「고율부」 주전조.

83) *The Korea Review*, Vol 5. No 3, March 1905.

보려고 한다.

　대체로 주전소의 건물은 그 길이가 길고 지붕이 낮으며, 지붕 위에는 쇳물에서 일어나는 연기와 악취를 배출하기 위해 창문처럼 생긴 구멍을 일정한 간격을 두고 뚫어 놓았다. 이처럼 길이가 긴 건물을 약 30평방 척의 넓이로 칸을 막고, 칸마다 주전로와 금속을 녹이고 동전을 주조하는데 필요한 일체의 기구가 비치되어 있다. 주전소 건물의 전면에는 짚으로 엮은 이엉 쪽을 덮은 작은 오두막집이 여러 채 있다. 그 오두막집 안에서는 곧 주조되어 나온 동전을 사용할 수 있는 단계까지 손질하는 일련의 공정이 행해지고 있다.

　약 30평방 척 넓이의 주전소 건물의 각 칸마다 깊숙한 한 구석에 정육면체의 주전로가 설치되어 있는데, 그것은 백회로 만들어졌다. 주전로는 5척쯤 땅 속에 묻혀 있고 지면 위로 노출된 부분은 23치(吋) 높이에 지나지 않는다. 평평한 주전로의 상면에는 직경이 10치 되는 원통형의 구멍이 있어서 그 구멍을 통해 도가니를 불 위에 내려놓을 수 있게 되었다.

　도가니는 진흙을 불에 구워서 만든 것으로서 그 안에 동 6파운드, 함석 3파운드 및 납 1파운드 가량을 혼입해서 주전로 속에 넣고, 그 주전로 오른쪽에 있는 풀무로 바람을 일으켜 도가니 속에 담겨 있는 쇠붙이를 녹인다. 그런데 도가니 속에 담기는 각종 금속의 배합비율은 경우에 따라 달라질 수 있고 일정하지 않은 것 같다.

　주전로가 설치된 칸의 다른 한 구석에는 발이 고운 해감모래[海滿泥]가 쌓여 있다. 길이가 3.5척이고 폭이 1.5척이며, 깊이가 얕은 나무상자 속에 해감모래를 담고 발로 밟아서 다진 다음에 반듯한 나무막대로 해감모래의 표면을 밀어서 판판하게 한다. 그리고 여러 개의 동전

모형이 줄지어 붙어 있는 철판을 굳고 판판한 해감모래의 표면에 찍어서 동전 전면의 자국을 만든다. 한편 같은 방법으로서 동전 후면의 자국을 다른 나무상자에 담긴 해감모래의 표면에 만든다. 동전의 전·후 양면의 자국이 찍힌 두 개의 나무상자를 마주 대고 철사로 단단히 묶는다.

주전로 속에 쇳물이 담겨 있는 도가니를 긴 불집게로 끌어올리면 짧은 불집게를 가진 두 명의 보조수가 도가니를 옮겨 받아서 두 개의 나무상자가 맞붙은 사이에 생긴 수많은 동전 모양의 공간 속에 쇳물을 부어 넣는다. 동전 모양의 많은 공간 속에 흘러 들어간 쇳물이 식어서 굳어지면 동전이 되고, 그것이 충분히 식었다고 생각되면 잡아매었던 나무상자를 푼다. 여러 개의 동전이 줄지어 붙어 있는 것을 망치로 떼어 삼태기에 담아서 다음 단계의 손질을 위하여 앞에서 말한 바 있는 오두막집으로 운반한다. 그곳에서 모든 동전은 그 한 가운데에 네모로 뚫린 구멍에 꼭 맞는 긴 철봉에 꿰어진다. 철봉에 꿰어진 동전을 그 거친 부분 손질을 위해 다시 또 다른 오두막집으로 옮긴다.

지면에서 약 2척 높이에 수평으로 설치되어 있는 긴 나무 홈통에다 철봉에 펜 동전을 고정시켜 놓고 길이가 길고 무거운 줄칼로 동전의 거친 부분을 갈아 버린 후에 동전은 광택을 내기 위해 다른 오두막집으로 옮겨진다.

철봉에 꿰었던 동전의 길이와 폭이 약 1마(嗎)에 10치 길이의 나무통에 모두 쏟아 넣는다. 동전이 들어 있는 나무통에 가는 모래와 물을 붓는다. 그리고 나무통 양쪽에 놓여 있는 모래자루 위에 두 사람이 마주 앉아서 노래를 부르면서 그들의 발을 나무통에 넣고 앞뒤로 밀고 당겨서 동전이 가는 모래에 닦여 그 빛깔이 동의 원색을 나타낼 때까지 닦는 작업은 계속된다.

120

① 도가니를 주전로에서
꺼내기

② 거푸집에 주형 작업

③ 철봉에 동전들을 꿰기

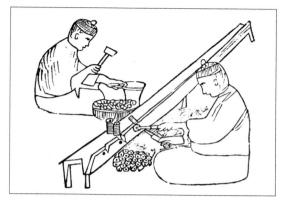

④ 줄칼로 동전 갈기

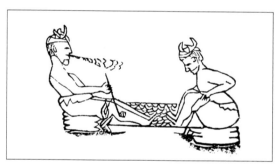

⑤ 동전을 모래에 닦아
광택 내기

⑥ 광택이 난 동전을
새끼줄에 꿰기

⑦ 완성된 동전꾸러미

<그림 9> 동전 주조 공정, *The Korea Review*, 1905, pp.89~95.

광택을 낸 동전은 볏짚으로 꼰 새끼에 200개 내지 1000개씩 꿰고, 또한 운반하기에 편리하도록 꾸러미를 한 뭉치로 묶어 계폐실(計幣室)로 옮긴다. 계폐실에서는 동전 꾸러미를 헤아려 기입한 다음에 대기하고 있던 지게꾼에게 지워서 소정된 장소로 엄중한 감시를 받으며 운반된다.

근대적인 동전주조 기술이 도입되기 전까지는 이상과 같은 절차에 의해서 동전이 주조된 것으로 보인다.

라. 주전기술의 미숙

조선후기에는 동전을 주조하는 과정에서 동전의 품질 및 중량, 형태를 정확하게 측정할 만한 과학적이고 정밀한 기구도 사용되지 못했던 것 같다. 그리하여 주조 발행된 동전은 그 품질과 체재의 통일을 기하지 못하여 유통계에서 양화(良貨)가 악화(惡貨)에 구축, 퇴장되는 혼란을 일으키는 경우도 적지 않았다. 조선후기에 있어서 국가에서 주조 발행하는 동전 품질의 조악화와 체재(體裁)의 불통일성을 초래하게 된 중요한 원인의 하나가 주조기술이 미숙하다는 점에 있었다.

주전기술이 발달하지 못했기 때문에 앞에서 지적한 바 있듯이 쇠붙이를 다루던 기술자면 동전주조 사업에 쉽게 적응할 수 있었을 뿐만 아니라, 일확천금을 노리는 자들의 동전 사주(私鑄) 행위를 조장하게 되었다. 즉 동전주조 기술이 단순한 상태에 머물러 있었으므로 쉽게 동전을 사주할 수도 있었고, 또한 국가가 주조 발행한 동전의 품질과 체재도 불량하고 통일을 기하지 못하고 있었기 때문에 사주된 동전도 쉽게 통용될 수 있어서 유통계의 혼란은 한층 더 심각해졌다.

그러므로 실학자 유형원은 주전기술의 미숙으로 말미암은 유통계의 혼란 내지 화폐경제 발전의 둔화를 염려하고 세종조의 장영실과 같은 명장을 양성하여 주전기술을 개량해야 한다고 주장하였다.[84] 뿐만 아니라 정약용도 주전기술을 개량하기 위해 중국의 발달한 기술을 배워 와야 한다고 주장하는 한편, 전환서(典圜署)와 같은 독립된 상설 조폐기관을 설치하여 기술을 정련(精練)시킴으로서 주전기술의 미숙을 극복하자고 주장하였다.[85] 이와 같은 전통적인 주전기술의 미숙을 발달시킬 필요성은 거듭 느끼면서도 개량·발전시키지 못한 채, 1880년대 이후 급격히 몰아치는 근대화폐 통용의 필요성에 따라 근대적인 조폐기술의 활용 단계로 급격하게 전환되었다.[86]

---

84) 『반계수록』 4, 「전제후록」 하, 전폐.

85) 『정다산전서』 하, 「경세유표」 2, 전환서.

86) 원유한, 「이조말기 독일로부터 근대조폐기술 도입에 대하여」, 1969.

V. 화폐유통 정책

1. 동전의 유통 보급방법

국가의 화폐정책을 운용함에 있어서 화폐를 주조 발행하는 과정 못지 않게 주조 발행된 화폐를 유통 보급하는 문제도 중요시되었다. 그리하여 조선왕조가 17세기 초부터 동전을 법화로 채택하여 유통 보급하기 시작한 이후 동전이 일반 유통계에서 화폐기능을 계속 발휘할 수 있게 되기까지 국가의 화폐정책은 동전을 유통 보급시키는 데 역점을 두고 추진되었다. 왕조당국은 이러한 화폐정책 운용 방침에 따라서 다음과 같은 여러 가지 방법을 통해 동전을 일반 유통계에 유통 보급시키려 하였다.[1]

가. 화폐정책에 대한 불신감 해소

조선왕조가 동전을 법화로 유통 보급시키기 위해서 극복해야 할 중요한 문제 중의 하나는 국가의 화폐정책에 대한 일반 백성의 불신감

---

1) 원유한, 「전통 조건사회 해체과정에 대한 일고찰-금속화폐 유통문제를 중심으로-」, 1973 ; 원유한, 「조선시대 화폐사 시기구분론」, 1981.

을 해소하여, 그들에게 동전은 계속 통용될 수 있는 화폐라는 점에 대해 확신을 주는 것이었다. 역사적으로 볼 때 역대 왕조에서 새로운 제도나 정책을 시행하게 될 경우 대개 그 사실을 종묘에 서고하는 의식을 거치게 된다. 이것은 왕조 당로자들이 새 제도, 또는 정책에 대한 결의를 표명함과 동시에 일반 백성들에게 반드시 시행될 수 있다는 확신을 주려는 데 중요한 목적이 있었다. 이러한 의식 절차는 고려시대나 조선전기에 화폐제도를 실시하려는 과정에서 취해졌고, 조선후기에 동전유통 정책을 시행하는 과정에서도 나타난다.[2]

1635년(인조 13) 7월 상평청에서 건의한 동전유통 방안 중에서도 왕조당국이 일반 백성들에게 국가의 화폐정책에 대해 확신을 가지게 하는 것이 중요하다는 점을 지적하였다.

돈을 사용하는 것은 천하 만고에 통행하는 법입니다만, 우리나라에서는 2백년 이래 없었던 일이기 때문에 인정이 보고 듣는 것에 익숙하지 않습니다. 또 종전에는 국법이 백성들에게 믿음을 받지 못하였으니, 이를테면 대동법(大同法)이나 호패법(號牌法) 등의 일이 금방 설치되었다가 금방 혁파되었기 때문에, 속으로는 돈을 사용하면 유익하다는 점을 아는 자일지라도 그것이 끝내는 시행되지 않을까 염려하여 반신반의합니다. 이 때문에 어리석은 백성들이 곧 명대로 따르지 않는 것입니다. 고려조에서 종묘(宗廟)에 돈의 사용을 고했던 까닭도 실로 백성에게 신의를 보이기 위한 뜻이었으니, 지금도 마땅히 뜻을 굳게 결정하고 힘써 실행하여 반드시 실행한다는 뜻을 보여 주어야 합니다.

---

2) 『고려사』 33, 「식화」 2, 화폐 ; 『인조실록』 권31, 13년 7월 임술.

만약 이를 거역하는 쓸데없는 의논을 하는 자가 있으면, 법을 어지럽힌 율로써 단죄를 해야만 거의 실행되기를 기대할 수가 있습니다.3)

상평청에서는 동전유통 보급의 저해적 요인이 일반 백성의 국가정책에 대한 만성적인 불신감에 있다고 주장하면서, 왕조당국은 동전의 유통 방침을 확정해서 일반 백성에게 동전은 틀림없이 통용될 수 있다는 사실을 확신케 하는 동시에, 부의(浮議)를 엄격히 다스리면 반드시 동전은 유통 보급될 수 있다고 하였다.4)

한편 조선왕조는 화폐정책에 대한 국가의 관심을 표명하는 동시에 동전 통용의 가능성에 대한 확신을 일반 백성에게 주지시키기 위한 하나의 방법으로서 동전의 태환력을 강화하려고 하였다. 왕조당국은 조선전기에 저화나 동전을 법화로 채택하여 유통시키기 위한 화폐정책을 추진하는 과정에서 저화 또는 동전의 태환력 보장을 강화하기 위하여 미·포 등 국가 보유 물자를 방출하고, 민간 소유의 화폐를 환수하였던 역사적 선례를 흔히 찾아볼 수 있다.5) 이와 같은 목적에서 조선후기에 있어서도 미곡을 방출하고 동전을 환수하여 동전의 태환력을 강화함으로써, 일반 백성으로 하여금 국가의 화폐정책을 믿고 따르게 하려 하였다. 그러나 당시 조선왕조가 시도한 이상과 같이 동전의 태환력 보장을 강화하려 한 화폐유통 방안도 조선전기처럼 국가가 화폐를 환수하기 위해 방출할 물자를 충분히 보유하고 있지 못했기 때문에

3) 『인조실록』 권31, 13년 7월 임술.
4) 『인조실록』 권31, 13년 7월 임술.
5) 원유한, 「조선전기 화폐사의 역사적 위치」, 1995.

일시의 방편이었을 뿐으로 별 성과를 거둘 수 없었다.6)

나. 화폐가치 인식의 확대

조선왕조는 동전을 유통하여 보급시키기 위한 한 방법으로써, 크고 작은 상거래에서 동전을 교환 매개로 사용하게 하여 동전유통의 경제적 가치를 일반 백성에게 인식시키려고 하였다. 1626년(인조 4) 6월 김신국은 동전 통용을 시도한 지 2백여 년이 지났어도 당시까지 동전이 관행(慣行)되지 못하는 이유가 일반 백성이 실용성이 전제되지 않은 동전의 가치와 용도를 알지 못하는 데 있다고 주장하였다. 따라서 이를 해결하기 위해서는 요포(料布)를 동전으로 지급하고, 경복궁 앞길 좌우 행랑에 주식점(酒食店)을 설치하여 동전을 사용하도록 건의하여 채택되었다.7)

당시 호조판서 김신국은 적극적인 용전론자로서, 소액 거래를 통해서 동전유통의 경제적 가치를 일반 백성에게 인식시키는 방법을 강구하였던 것이다.8) 이는 고려시대나 조선전기에 있어서도 동전을 유통 보급시키기 위해 1차적으로 채택하여 실시한 방법으로, 흔히 동전의 주조 발행량이 충분치 못한 동전 유통의 초기 단계에서 활용된 방법이다.

그러나 왕조당국은 1635년(인조 13) 7월에 이르러서 상평청의 건의

---

6) 『인조실록』 권29, 12년 2월 정축.

7) 『인조실록』 권13, 4년 윤6월 무오.

8) 원유한, 「관료학자 김신국의 화폐경제론」, 1989.

로 상거래를 통해 보다 적극적인 방법으로 일반 백성에게 동전 유통 가치를 인식시키려 하였다, 당시 상평청에서 작성 건의한 동전유통 보급 방안은 전문 6개항으로 되어 있는데, 그 중 제2항을 제외한 5개 항목의 내용은 상거래를 통해서 일반 백성에게 동전유통의 경제적 가치를 인식시키려 하였다.

첫째, 무릇 물화는 기본 여건이 갖추어진 후에 쉽게 통용될 수 있는 것이니, 시정인 중에서 희망하는 자에게는 전시(錢市)를 별도로 설치하게 할 것.

둘째, 각사ㆍ각 아문의 징속(徵贖)과 작지(作紙, 수수료)를 동전으로 받아들일 것.

셋째, 동전유통은 시장의 작은 물건을 비롯하여 시탄(柴炭)ㆍ소채(蔬菜)와 같은 것도 반드시 동전으로 교환케 하고, 5부 평시서(五部 平市署)에 그것의 착실한 이행을 분부할 것.

넷째, 서울과 지방에서 상점을 사사로이 설치하기를 희망하는 사람에게 그것을 허락할 것.

다섯째, 국내의 일상 무역에서 소ㆍ말처럼 중요한 것은 없으므로 서울에서 소를 매매할 때 소의 값은 동전으로만 지불할 것이며, 다른 물건으로 값을 치르는 자는 범법자로 규정하고, 동전으로 징속(徵贖)할 것.

여섯째, 서울로부터 8도(八道)에 이르는 직로(直路)의 각 관청에서는 반드시 상점을 설치하고 동전을 통용케 하며, 수령(守令)은 동전을 통용하라는 규정을 착실히 준수토록 감독, 장려할 것.[9]

---

9) 『인조실록』 권31, 13년 7월 임술.

상평청에서도 예전부터 천하가 사용하는 동전이 국내에서는 개국
이래 2백여 년이 지나도록 통용되지 못하는 중요한 이유로 동전이
일반 백성의 이목에 생소한 데 있다는 점을 지적하면서, 이상에서
열거한 내용처럼 대소 상거래를 통해서 동전유통의 경제적 가치를
일반 백성에게 인식시키려고 하였다. 상평청에서는 1651년(효종 2)
11월에 건의한 동전유통 보급 방안 중에서도 시중의 모든 상품매매
거래를 동전의 매개에 의존하게 하라는 내용을 규정하였다.[10] 그리고
조선왕조는 동전유통 정책이 1650년대에 중단되었다가, 1670년대에
다시 시행된 이후에 있어서도 상거래를 통해 동전의 유통가치를 인식
시키려는 노력을 계속했던 것이다.[11]

한편 왕조당국이 일찍부터 국내 상업이나 국제 교역이 비교적 발달
한 개성을 비롯한 평양·안주 등지를 우선적으로 동전유통 보급 대상
지로 삼았다든지, 인구가 번성하고 상인의 활동이 빈번한 대구나 전라
도의 감·병영에 동전의 주조 유통을 먼저 허가해 준 것[12]도 모두
상거래를 통해 동전을 유통 보급시키려던 정책적 배려와 본질적으로
동기가 같은 것이라고 할 수 있다.

이와 같은 정책을 주장하면서 실제로 화폐정책 시행에 반영시키려
한 대표적 인물로는 대정치가 김육을 들 수 있다. 그리고 김육과 거의
같은 시대를 배경으로 동전유통 보급론을 제시한 실학자 유형원 역시

---

10) 『효종실록』 권7, 2년 11월 계유.

11) 원유한, 「전통 조선사회 해체과정에 대한 일고찰 -금속화폐 유통문제를 중심
    으로-」, 1973 ; 「조선시대 화폐사 시기구분론」, 1981

12) 『비변사등록』 34, 숙종 4년 윤3월 24일.

본질적인 면에서 김육과 견해와 주장을 같이 하고 있었던 것으로 볼 수 있다.

　대소 상거래를 통해 동전의 유통가치를 일반 백성에게 주지 인식시킴으로써 동전을 유통 보급시키려고 한 조선왕조의 정책적 배려는 동전의 유통 기반을 설정한 것으로 보이는 1680년대 이후부터 퇴색하기 시작하였다.13)

다. 국가 수입의 화폐화

　조선왕조가 대소 상거래를 통해서 일반 백성에게 동전의 유통가치를 인식시킴으로써 동전을 보급시키려 한 조치는 본질적인 것이기는 하지만, 소극적인 방법에 불과했다. 따라서 왕조당국은 동전에 법적 통용력과 경제적 신용을 부여하여, 일반 유통계에서 화폐 기능을 계속 발휘할 법화라는 사실을 확신시킬 수 있는 행정적 조치를 취해야만 하였다. 이와 같은 동전 통용과 가치에 대한 국가의 보장은 조선전기처럼 일반 유통계에서 통용되고 있는 동전을 적절한 방법으로 환수함으로써 동전에 대한 일반 백성의 공신성을 유지하여야 되는 것이었다. 그리하여 조선왕조는 1623년(인조 1) 7월에 호조에서 보관 중인 동전을 일반 백성에서 반급하고 수속(收贖)과 단청 수수료를 동전으로 거두어들이기로 하되, 이러한 당국의 조치에도 불구하고 과거의 관습에 얽매어 규정대로 동전을 사용치 않을 경우에는 그 일을 담당한 관리를 처벌키로 결정하였다.14) 이러한 조치는 조선왕조가 동전을 주조 유통

---

13) 원유한, 「이조 숙종조의 주전동기」, 1966.

132

하기에 앞서서, 조선전기에 주조되었으나 발행 유통되지 못한 채 호조
에 보관 중이던 동전을 반급하여 일부 사소한 부문에 시험적으로 사용
하기 위해 취해진 것으로 보인다. 왕조당국은 1625년(인조 3) 11월에
동전을 주조하기 시작했고, 그 이듬해 7월에 호조의 건의에 따라 동전
주조량이 충분치 못한 당시의 상황 하에서 우선 형조·한성부·사헌부
등 각 관청의 징속(徵贖)을 동전으로 대납하게 할 것을 결정하였다.15)
그러나 이러한 왕조당국의 동전 유통 보급을 위한 시도는 1627년(인조
5) 10월에 일어난 정묘호란으로 말미암아 좌절되지 않을 수 없었다.

  1633년(인조 11) 10월에 중단되었던 동전주조 사업은 재개되었고,
그에 따라서 호조에서 작성 건의한 동전유통 보급 방안을 시행하기로
하였다. 동전유통 보급 방안 중에는 국가가 수납하는 미·포 중에서
3내지 4분의 1을 동전으로 대납하고, 삼사(三司)의 수속(收贖)과 각사
(各司)의 수수료를 우선 동전으로 대납케 할 것을 규정해 놓고 있다.
그러나 당시 왕조 당로자들은 국가가 전세나 삼수미(三手米)와 같은
주요 수입을 동전으로 대납하게 할 경우에 생길 수 있는 지방민들의
어려움을 감안하였다. 동전이 충분히 유통 보급되어 있지 못한 상황
하에서 지방민들이 동전을 마련하여 국가에 바치는 것은 어려울 것이
라는 이유로 동전유통 보급 방안 실시를 보류시키는 신중성도 잃지
않고 있었던 것이다.16)

---

14) 『인조실록』 권2, 1년 7월 경자.

15) 『인조실록』 권13, 4년 7월 신축.

16) 『인조실록』 권28, 11년 11월 임진.

조선왕조가 동전유통 보급을 위한 노력을 계속하였음에도 불구하고 "비록 용전(用錢)의 명(名)은 있으나 용전의 실(實)은 없다"[17]는 비판론이 일어날 정도로, 결과는 비관적이었다. 그리하여 1635년(인조 13) 7월에 왕조당국이 상평청의 건의에 따라서 실시키로 결정을 한 동전유통 보급 방안 전문 6개 항목 중에는 각사·각 아문의 징속과 수수료를 동전으로 수납한다는 내용을 제외하고서는 각 항목의 내용이 모두 대소 상거래에 동전을 교환 매개로 사용하게 함으로써 일반 백성에게 동전의 유통가치를 주지 인식시키려 하는 등 종래보다 소극적인 동전유통 보급 방법에 중점을 두게 되었다.[18] 이와 같이 동전을 유통 보급시키기 위해 왕조당국이 시도한 노력도 1636년(인조 14) 12월에 일어난 병자호란(丙子胡亂)으로 말미암아 동전주조 사업과 함께 중단되었다. 따라서 정묘·병자호란 등 두 차례에 걸친 대륙세력의 침입은 17세기 전반기에 조선왕조가 적극 추진한 동전유통 정책을 좌절시킨 국외적 요인으로서 작용하였다는 사실을 짐작할 수 있다.[19]

이후로 동전의 유통 문제가 거의 제기되지 않다가 1644년(인조 22)에 김육이 황해·평안도에 동전을 유통 보급시키자는 문제를 건의함으로써 재론되기 시작했다. 그리고 김육이 1650년대인 효종조의 화폐정책 운용을 주관하게 되자 왕조당국의 동전유통 정책은 의욕적이고 적극적으로 추진될 수 있었다. 효종조의 북벌(北伐)을 위한 국력

---

17) 『인조실록』 권30, 12년 11월 계축.

18) 『인조실록』 권31, 13년 7월 임술.

19) 원유한, 「조선후기 금속화폐 유통정책-17세기 전반의 동전유통 시도기를 중심으로-」, 1972.

강화는 정치적 안정과 경제적 번영을 전제로 한 군사력의 증강에 의해서만 가능한 일이었다. 김육은 효종조의 중요한 경제정책의 일환인 동전유통 정책을 거의 전관하게 되었다. 그가 중국 동전을 수입 통용할 것을 주장하는 데서부터 추진하기 시작한 동전유통 정책[20]은 상당히 적극적이고 과단성을 띤 것이었다. 이처럼 김육에 의해 주도된 화폐정책 전개 과정에서 국가 수입의 화폐화를 통한 동전의 유통 보급은 거듭 시도되었다.[21]

1651년(효종 2) 11월에 상평청에서 건의한 동전유통 보급 방안에는 각사(各司)의 징속(徵贖)·면천(免賤)·공명첩가(空名帖價) 등을 동전으로 수납한다는 내용이 규정되어 있다. 1655년(효종 6) 12월에 김육 등이 작성하고 상평청에 의해 수정 건의된 동전유통 보급 방안에는 경기도 대동미 1결 8두 중 1내지 2두를 동전으로 수납하고, 각사공가(各司貢價)의 5분의 1, 고역가(雇役價)와 호조요포(戶曹料布) 3분의 1을 동전으로 지급할 것을 규정하였다.[22] 경기도 대동미 중 동전으로 대납하기로 한 수량이 종래의 10분의 1에서 8분의 1내지 2로 증가되고 있는 사실도 주목된다.[23]

김육은 대동법을 동전유통 보급 문제 못지않게 중요한 정책 문제로

---

20) 원유한, 「조선후기 금속화폐 유통정책-17세기 전반의 동전유통 시도기를 중심으로-」, 1972.

21) 원유한, 「잠곡 김육의 화폐경제사상」, 1980.

22) 『효종실록』 권7, 2년 11월 계유.

23) 원유한, 「조선후기 금속화폐 유통정책-17세기 전반의 동전유통 시도기를 중심으로-」, 1972.

생각하여 확대 시행에 힘썼다. 김육 등이 동전유통 보급 방안을 작성할
당시에 대동법은 이미 경기도나 강원도에 뒤이어 충청도에도 실시된
후였다. 미납(米納)을 원칙으로 하는 대동법의 시행 지역이 확대됨에
따라 김육은 미납을 전납(錢納)으로 금납화(金納化)하려는 적극적인
의욕을 동전유통 보급 방안에 반영하였다. 그러나 김육이 주도한 1650
년대 동전유통 정책의 시행 과정에서 시도된 국가 수입의 화폐화는
너무 급진적이었다는 평을 받게 되었고,[24] 이것이 직접적인 이유로
되어 당시의 동전유통 정책이 중단되었다고 비판하는 내용의 기록이
적지 않게 보이고 있다.[25]

　　1650년대에 중단된 조선왕조의 동전유통 정책은 20여 년만에 다시
시행되었다. 당시 상당수의 왕조 당로자들은 종래의 동전유통 정책이
중단된 가장 큰 이유로 동전의 유통 보급 과정에서 국가 수입을 너무
급진적으로 화폐화 하려는 데 있었다는 점을 비판하면서, 이를 점진적
으로 시행할 필요가 있다고 주장하였다. 국가 수입의 화폐화에 대한
왕조 당로자들의 견해와 주장은 1650년대 이전의 국가 화폐정책과
유통경제를 경험한 실학자 유형원의 주장과도 일치되는 것이다.[26]
1678년(숙종 4) 윤4월에 공포되어 시행된 '행전절목(行錢節目)'을 보면,
왕조당국은 일반 유통계에서 통용되고 있는 동전을 환수하기 위해
형조·한성부·사헌부·의금부의 속목(續木)과 진휼청의 환상(還上)

---

24) 원유한, 「잠곡 김육의 화폐경제사상」, 1980.

25) 원유한, 「이조 숙종시대의 주전에 대하여」, 1964.

26) 원유한, 「반계 유형원의 긍정적 화폐론」, 『유홍렬박사 화갑기념논총』, 1970.

만을 동전으로 수납키로 하는 등 점진적인 국가 수입의 화폐화를 시도하고 있다.[27] 그리고 이듬해 4월에는 보다 적극적이고 광범위한 국가 수입의 화폐화를 시도하게 되었다. 즉 대동미(大同米)의 7내지 8분의 3, 혹은 5내지 6분의 2 및 각 아문의 군포·노비공목 및 제반 신포(身布)를 형편에 따라서 전부 혹은 절반을 동전으로 대납하도록 하였다.[28]

그러나 조선왕조가 동전을 법화로 보급시켜 나가는 과정에서 국가 수입의 화폐화를 시도하는 데는 적지 않은 저항이 있었다. 전통적으로 은·미·포 등 물품화폐 유통의 타성이 강하게 작용되고 있던 당시에 명목 화폐인 동전의 수납을 꺼리고 종래와 같이 은이나 포를 그대로 받아들이려는 관청이 적지 않았다.[29] 일반 백성들이 국가의 방침에 따라 각종 공납을 동전으로 대납하려 해도 쉽지 않았던 이유는 일반 유통계에서 동전의 절대 수요량이 부족하거나 또는 동전이 일부 계층이나 관청에 편재되어 있어서 국가에 납입할 동전을 마련하는 것은 상당히 어려웠기 때문이다.[30] 동전의 유통에 대해 부정적인 입장을 취한 실학자 이익도 일반 백성이 국가에 바칠 동전을 마련하는 과정에서 겪어야 되는 애로가 농민을 궁핍으로 몰아넣는 원인의 하나가 되었다는 점을 지적하여 비판하고 있다.[31] 그러나 왕조당국의 국가 수입

---

27) 『비변사등록』 34, 숙종 4년 윤3월 24일.

28) 『비변사등록』 35, 숙종 5년 4월 9월.

29) 『비변사등록』 43, 숙종 15년 9월 8일.

30) 『비변사등록』 35, 숙종 5년 4월 9일.

31) 원유한, 「성호 이익의 부정적 화폐론-이조사회 해체과정의 일측면적 고찰로서-」, 1972.

화폐화 방안은 시도 과정에 무리가 있기는 했지만, 가장 적극적이고 효율적인 동전유통 보급 방안의 하나였다. 사실상 국가권력을 배경으로 한 국가 수입의 화폐화 방안은 물품화폐의 유통이 지배적이던 농촌 사회를 화폐유통권 내로 포섭하는 등 조선후기에 있어서 화폐경제를 보급 내지 보편화시키는 데 큰 역할을 담당했다고 보아야 할 것이다.

라. 동전유통 독려관의 파견

조선왕조는 동전을 법화로 유통 보급시키기 위한 직접적인 방법으로 각 지방에 동전유통을 독려하는 관리를 파견하였다. 한편 왕조당국은 중앙관청에서 동전을 주조하여 각 지방에 반급(頒給)하거나 지방관청으로 하여금 동전을 직접 주조하여 현지 수령이 동전유통을 독려하기도 하였다.[32] 그러나 대체로 중앙으로부터 지방에 관리를 파견하여 그 지방의 동전유통 보급 업무를 독려하려 했던 것으로 보인다.

왕조당국은 1654년(효종 5)에 평안도 지방에 행전별장(行錢別將)을,[33] 1683년(숙종 9)에는 영남과 호남 지방에 행전차인(行錢差人)을 파견하여[34] 그 지방의 동전유통 보급 업무를 독려하게 한 사실이 있다. 중앙에서 지방으로 동전유통 독려관을 공식적으로 파견하는 방법 이외에, 1650년대 국가의 화폐정책을 주관했던 김육은 비공식적으로 이서(吏胥)를 파견하여 동전유통 보급 업무를 수행하도록 한 경우도 있었

---

32)『인조실록』권31, 13년 7월 임술.

33)『효종실록』권12, 5년 3월 병술 ;『효종실록』권12, 5년 4월 신유.

34)『증보문헌비고』159,「재용고」, 숙종 9년.

138

다.35)

　　그러나 각 지방에 파견된 행전별장이나 행전차인 등 동전유통 독려관들은 그들에게 주어진 동전유통 보급을 위한 본연의 임무를 능률적으로 수행하지 못하고, 오히려 민폐를 끼치는 등 여러 가지 문제를 일으켰다. 왕조당국이 일반 백성의 일상생활을 편리하게 한다는 점을 강조하면서 시도한 동전유통 정책이 보급을 독려하는 관리들의 무능과 부패로 말미암아 오히려 상품유통을 저해하여 일반 백성의 원성을 사게 되었던 것이다.36) 1654년(효종 5) 평안도에 파견된 행전별장은 동전유통을 독려하기 위한 방법으로써 주민들이나 이서 매인 당 동전 5전씩을 의무적으로 휴대하게 했기 때문에, 일반 백성은 행전별장이 나타나면 모두 도망치는 폐단을 불러일으켰다.37) 그리고 1683년(숙종 9)에 양남(兩南)지방에 파견된 행전차인은 여러 가지 폐단을 일으켰으므로 그 지방의 수령으로 하여금 동전유통 업무를 담당하게 한 일도 있다.38)

　　이와 같이 중앙으로부터 지방에 파견된 동전유통 독려관이 임무를 그릇되게 수행함으로써 문제가 된 것이 관찬 기록에 나타나기도 하지만, 상당수의 동전유통 독려관들은 파견된 지방에서 임무를 충실히 수행하였을 것이라는 점도 생각할 수 있다. 따라서 이들이 물품화폐의 유통이 지배하던 전통적인 조선사회에 금속화폐의 유통 기반을 설정하

35) 『효종실록』 권16, 7년 4월 경신.
36) 『효종실록』 권8, 3년 2월 갑인.
37) 『효종실록』 권12, 5년 3월 병진.
38) 『증보문헌비고』 159, 「재용고」, 숙종 9년.

는 데 적지 않은 기여를 했을 가능성도 배제할 수 없다.

마. 물품화폐의 유통금지

조선왕조는 동전을 법화로 보급시키기 위한 한 방안으로 종래까지
공·사 유통계에서 중요한 통화 기능을 담당해 온 물품화폐의 통용을
금지하려 하였다. 일반 유통계에서 유통되고 있는 물품화폐의 통용을
금지하는 조치는 상대적으로 동전의 수요를 증대시키면서 동전의 유통
영역을 확대시키는 결과를 가져올 수 있기 때문이다.

조선전기에 저화나 동전을 법화로 유통 보급시키는 과정에서 포화
(布貨)의 통용을 금지한 일이 있었듯이,[39] 조선후기에 있어서도 동전을
보급시키기 위한 한 방안으로써 당시 물품화폐로 중요한 통화 기능을
맡고 있던 추포(麤布)와 은의 통용을 금지하려고 했던 것이다. 그리하여
1651년(효종 2) 4월에 왕조당국은 추포의 통용을 금지했는데,[40] 당시
동전유통 보급을 위한 추포 통용금지 주장은 1650년대의 화폐정책을
주관한 김육은 물론, 같은 시대의 화폐정책과 유통경제를 경험한 유형
원에 의해서도 제기되었다.[41]

한편 왕조당국은 1679년(숙종 5) 5월에 동전보다 가치가 안정된
물품화폐인 은을 징수하려는 각 관청으로 하여금 은 대신 동전을 징수
케 함으로써 동전의 유통 영역을 확대시키는 동시에 일반 유통계에서

---

39) 이종영, 「화폐정책고」, 『조선전기 사회경제사 연구』, 혜안, 2003.

40) 『효종실록』 권6, 2년 4월 경오.

41) 원유한, 「반계 유형원의 긍정적 화폐론」, 1970 ; 「잠곡 김육의 화폐경제사상」,
1980.

140

의 동전 수요를 증대시키려 하였다.42) 엄격한 의미에서 볼 때, 왕조당국
이 미·포 등으로서 징수하던 종래의 국가 수납을 화폐화하려 한 것도
동전의 유통 보급을 위해 시도한 물품화폐 유통의 금지 조치와 본질적
으로는 성격을 같이하는 것이라고 생각할 수도 있다.

이와 같은 사실들 이외에도 왕조당국은 조선후기에 동전을 법화로
유통 보급시키기 위해 동전의 명목가치를 적정히 조절하는 방법을
사용하였다. 동전의 명목가치가 은이나 미가(米價)에 비해 몹시 낮게
결정되면 동전을 녹여서 유기(鍮器)를 제조하는 폐단이 일어나고, 동전
의 명목가치가 높게 결정될 경우에는 불법적인 동전주조 행위인 사주
(私鑄)가 성행하게 되어 원활한 화폐유통을 저해하는 중요한 원인이
되었기 때문이다. 그리하여 왕조 당로자들은 고려시대나 조선전기에
그러했듯이 조선후기에 동전을 법화로 유통 보급시키는 과정에서도
동전의 명목가치를 적절히 조절하여 결정하는 데 적지 않은 주의를
기울이게 되었다.

2. 동전 유통량의 부족 해소

조선후기의 화폐유통 정책 시행 과정에서 볼 때 초기 단계의 정책은
동전을 유통 보급시키는 데 역점을 두고 전개되었다. 이러한 국가의
동전유통 보급책은 대체로 물품화폐 유통이 지배하던 전통적인 조선사
회에서 동전이 법화로서의 유통 기반을 설정한 것으로 보이는 1690년

---

42) 『비변사등록』 35, 숙종 5년 5월 13일.

대까지 계속 시행된 것 같다.

왕조 당로자들은 동전이 법화로서의 유통 기반을 설정하고 계속 통용될 수 있다는 확신을 가지게 되었다. 따라서 화폐유통 정책의 시행 방침은 동전의 유통 보급에 역점을 두었던 종래와는 다르게 동전의 유통량을 적절히 조절하는데 중점을 두는 방향으로 전환하게 되었다. 왕조당국이 동전의 유통량을 조절하는 데 있어서 경우에 따라 동전 유통량의 팽창을 억제하거나, 반면에 동전의 부족을 해소하는 양면적 조치를 취해야 하는 것은 일반적인 현상이다. 그러나 조선후기의 화폐유통 정책 시행 과정에서는 동전 유통량의 팽창을 억제하려는 것보다 주로 동전 유통량의 부족을 극복하려는 데서 동전 유통량 조절의 필요성을 느끼게 되었던 것이다.

조선후기의 화폐 문제에 관계되는 자료를 검토하면, 각종의 관찬 기록이나 문집류에서 전황(錢荒) 문제가 심각하게 논의되고 있는 사실을 접하게 된다. 대체로 18세기 초부터 1820년대에 걸치는 시기에 일관해서 일어난 현상인 전황 발생의 직접·간접적인 이유로서는 대개 다음과 같은 점을 들 수 있을 것이다.[43]

첫째, 동전이 보급됨에 따라서 전통적인 조선사회의 해체가 급진전되자 왕조 당로자들은 동전유통을 부정하는 정책적 고려에서 동전의 증발을 억제하였다. 동전의 증발이 억제된 상황 하에서 동전의 유통은 계속되었고, 유통 영역이 확대됨에 따라서 일반 유통계에서는 자연히

43) 원유한, 「조선후기 화폐유통에 대한 일고찰-전황문제를 중심으로-」, 1972 ; 「조선후기 화폐유통구조 개선책의 일면-유수원의 현실적 화폐론을 중심으로-」, 1972.

화폐 유통량의 부족을 느끼게 되었다.

둘째, 조선왕조의 전통적인 광업 개발 소극화 정책으로 인하여
국내의 동광 개발이 부진하고, 일본 동의 수입 실적마저 저조해지는
등 동전의 원료 공급난은 심각해졌다. 이에 왕조당국은 일반 유통계에
서 필요로 하는 화폐량을 충분히 주조 발행할 수 없게 되어 일반
유통계에서의 화폐 유통량 부족 현상은 더욱 심각해졌다.

셋째, 왜란 이후 은(銀)은 공·사 유통계에서 중요한 통화 기능을
담당해 왔다. 이러한 물품화폐로서의 은은 국내 생산이 부진하고 일본
은의 수입량이 감소된 데 반해, 청(淸)으로의 유출량이 증가되면서
국내 유통량은 격감되었다. 이처럼 은의 유통량 감소는 상대적으로
동전의 유통 범위를 확대시켜 놓은 결과가 되었고, 자연히 일반 유통계
에서 화폐 유통량의 부족 현상은 심화되었다.

넷째, 중앙과 지방 관청이나 군영, 또는 부상대고(富商大賈) 등의
비축이나 고리대업을 목적으로 다량의 동전을 퇴장시킴으로써 국가에
서 주조 발행한 동전의 상당량이 화폐 기능을 발휘할 수 없었다는
것도 화폐 유통량 부족에 큰 영향을 끼치게 되었다.

대체로 18세기 초에서 1820년대에 이르는 시기의 일반 유통계에
나타난 전황은 당시의 화폐경제 내지 사회경제 면에 심각할 정도로
큰 영향을 끼치게 되었다. 동전유통으로 급격하게 활발해진 상업 발달
의 추세가 전황으로 인하여 둔화되었으며, 시정(市井)의 대고(大賈)와
강촌(江村)의 부호(富戶)들까지도 큰 타격을 받았다. 따라서 부상대고
들은 상업보다는 이윤 발생이 높았던 고리대업에 힘쓰게 되면서 정상

적인 상업 활동은 더욱 침체되었다. 유수원(柳壽垣)의 경우에도 고리대
업 목적으로 동전을 퇴장시키는 부상대고들에 대한 대책으로 상업
진흥을 강조하였다.44)

　당시의 왕조 당로자들은 일반 유통계에 만연된 통화량 부족을 극복
하는 것을 상공업 발달뿐만 아니라 화폐유통 정책 시행상의 최우선
과제로 생각하게 되었다. 왕조 당로자들은 국가의 화폐정책 시행 과정
에서 선결 과제로 제기된 화폐 유통량의 부족 현상인 전황을 극복하기
위해서 다음과 같은 방법을 구상하거나 시도해 보았다.

가. 동전유통 범위의 제한 및 저화·상목(常木)의 통용 시도

　조선왕조는 일반 유통계에 나타난 화폐 유통량의 부족을 해소시키
기 위해서 시장의 사사로운 거래에만 동전을 사용하고, 국가를 상대로
하는 공적인 거래에서는 사용할 수 없게 하여 동전의 유통가치 내지
공신성을 하락시키려 하였다. 실학자 이익(李瀷) 역시 조세 금납화를
억제하여 공용 거래에서 동전 사용을 억제하면 화폐가치가 원료가치로
하락하여 명목화폐로서의 기능을 상실하게 될 것이라고 주장하였다.45)
이러한 왕조당국의 화폐정책 시행 방침에 따라서 1727년(영조 3)에
종래까지 동전과 면포를 반씩 거두어들였던 대동포, 군포 및 노비신포
를 모두 면포(綿布)로만 징수하려 하였다.46) 그러나 일부 국가 수입의

---

44) 『우서』, 논전폐 ; 원유한, 「조선후기 화폐유통구조 개선론의 일면-유수원의
　　현실적 화폐론을 중심으로-」, 1972.

45) 원유한, 「성호 이익의 부정적 화폐론-이조사회 해체과정의 일측면적 고찰로
　　서-」, 1972.

144

징수 과정에서의 동전유통 제한 조치는 공·사 경제 상호간의 유통이
원활치 못한 사회경제적 폐단이 적지 않다는 점을 이유로 대동포,
군포와 노비신포를 동전과 면포로 반씩 징수하는 종래의 제도를 부활
시킴으로써47) 중단되고 말았다. 국가 수입과 지출의 화폐화 비율이
점점 높아지고 있는 당시의 유통경제 구조 하에서 경제 순환의 일반적
원칙을 무시하고 공경제에서의 동전 사용을 금지하고, 사경제에서만
동전을 통용하도록 하는 파행적 조치가 실효를 거둘 수 없었던 것은
지극히 당연한 사실의 귀결이었다. 기후의 영향을 크게 받고 있었던
당시의 현실로서는 면화 생산의 흉작과 풍작을 예상하기 어려웠으므
로, 면포 징수의 보장이 확보되지 않는 한 동전유통 범위의 제한 조치가
가지는 모순성은 더욱 컸다. 더구나 동전유통의 보편화 정도나 일반
백성의 화폐가치에 대한 인식 수준의 향상을 미루어 볼 때 금속화폐의
유통이 거의 생활화한 당시의 사회경제적 발전 추세에 역행하면서
동전의 유통을 금지하고 종래의 물품화폐 유통체제로 복귀시키려는
어떠한 조치도 용납될 수 없었던 것이다.

　　조선왕조는 동전에 대신하는 저화나 상목(常木)을 법화로 사용하려
하는 등 화폐제도의 개혁을 단행함으로써 당시 심각한 사회경제적
폐단의 원인이 된다고 보았던 화폐 유통량 부족을 해소하려고 하였다.
조선전기에 이미 법화로 사용하려 했던 저화는 화폐로서의 중요한
구성 요건인 보존성이 약하고, 위조가 용이하며, 원료의 공급이 어려운

46) 『승정원일기』 638, 영조 3년 5월 5일.
47) 원유한, 「조선전통사회의 화폐유통에 대한 반동의 한계성-영조의 동전 통용
　　금지 시도의 실패를 중심으로-」, 1979.

점 등 법화로서 통용되기에는 적지 않은 문제점을 가지고 있었다.48)

그리고 저화와 함께 논의 대상이 된 상목 역시 그 길이가 짧으며 폭이 좁고, 품질이 조악한 포(布)로서 오래 사용하면 굴뚝에서 나온 것처럼 더러워졌다고 한다. 이것은 당시 여염집에서 아침·저녁으로 시장에 가서 채소류를 사들이는 데 사용되는 등 극히 한정된 일부 유통계에서 물품화폐로서의 기능을 발휘하는 데 그쳤던 것으로 보인 다.49)

저화나 상목은 보편적이고 일반화된 법화로서 사용되기에는 적합 하지 않은 것으로 판단되고 있었기 때문에 동전 대신으로 사용하자는 주장은 실현될 수 없었다. 이로써 일부 왕조 당로자들이 저화나 상목을 동전과 대체함으로써 화폐제도의 개혁을 통해서 당시 일반 유통계에 만연된 화폐 유통량의 부족을 극복하려는 시도는 실현되지 못하고 말았다.

나. 동전 퇴장의 억제 시도

왕조당국은 부상대고나 각 관청 및 군영의 동전 퇴장 행위를 억제함 으로써 일반 유통계에 나타난 화폐 유통량의 부족을 극복하려 하였다. 부상대고 등의 동전 퇴장 행위는 그들이 화폐 유통량의 부족을 기화로 하여 고리대업을 자행함으로써 높은 이윤을 취하는 것이 가능하였기

---

48) 원유한, 「조선전기 화폐사의 역사적 위치」, 1995.

49) 원유한, 「조선전통사회의 화폐유통에 대한 반동의 한계성-영조의 동전통용 금지 시도의 실패를 중심으로-」, 1979.

때문에 한층 더 성행되었던 것이다. 그리하여 왕조당국은 부상대고의
동전 퇴장 행위로 조장된 화폐 유통량 부족을 해소하기 위해 공·사채
의 이자율을 규제하기도 하였다.[50] 왕조 당로자들은 공·사채의 이자
율을 규제함으로써 부상대고의 고리대 행위를 억제하고, 그들의 고리
대 행위가 불가능하게 되면 퇴장된 동전은 자연히 유출되어서 일반
유통계에 나타난 화폐 유통량의 부족을 해소하는 데 도움이 될 것으로
생각했던 것 같다. 그러나 화폐유통에 대한 지배권이 국가에 있지
않고 부호에 있다고 말할 정도였던 당시 국가의 권위 행정체계로서는
음성적으로 자행되었을 사채(私債)의 이자율을 규제하여 부상대고의
고리대 행위를 저지할 수는 없었을 것이다. 그러므로 고리채(高利債)의
이자율을 규제하여 부상대고 등이 퇴장하고 있는 동전의 유통을 유도
함으로써 일반 유통계에 나타난 화폐 유통량의 부족을 해소 극복하려
는 시도는 별 성과를 거둘 수 없었던 것 같다. 한편 관청이나 군영에
퇴장된 동전을 순환 유통시킴으로써 화폐 유통량의 부족을 해소하자는
주장도 일어나고 있었다.[51] 이상과 같은 방법도 관청과 군영에서 동전
을 퇴장하는 것이 화폐 유통량 부족의 중요한 원인이 되었다는 논의[52]
가 거듭되고 있는 사실로 미루어 볼 때 일반 유통계에 나타난 화폐
유통량 부족을 해소, 극복하는 데 큰 도움이 되지 못했던 것으로 보인다.

---

50) 『영조실록』 권14, 3년 11월 정사.

51) 『승정원일기』 716, 영조 6년 12월 26일.

52) 『승정원일기』 554, 경종 3년 5월 2일 ; 『영조실록』 권55, 18년 6월 계묘 ; 『일성
    록』, 정조 12년 8월 17일.

다. 은화와 동전의 병용 시도

조선왕조가 동전을 계속 주조 발행할 수 있기 위해서는 무엇보다도 먼저 동전 원료의 공급난을 타개해야만 하였다. 동전 원료 공급난을 소극적인 방법으로 해결하는 길은 은화를 동전과 병용하는 것이었다.[53] 이것은 동전과 원료를 달리하는 은화를 동전과 병용함으로써 직접적으로는 동전 원료 공급난을 극복하고, 궁극적으로는 일반 유통계에 일어나고 있는 화폐 유통량의 부족을 해소하는 방법의 하나가 될 수 있었던 것이다. 그러나 당시 국내에 있어서 은의 절대 수요량은 항상 부족한 상태였다. 이러한 여건 하에서 은화를 동전과 병용할 경우 그것은 귀금속으로서 희소가치가 크기 때문에 위조의 폐단이 적지 않게 일어났을 것이며, 또한 은화는 악화인 동전에 구축되어 일반 유통계에서 통화 기능을 원활히 발휘할 수 없게 되었을 것이다. 이상과 같은 이유로 일부 왕조 당로자들이나 박지원, 정약용 등의 실학자들에 의해서 은화를 동전과 병용함으로써 화폐 유통량의 부족을 해소하자는 방안이 거듭 제의되었지만, 결국 실현 단계에 이르지는 못하고 말았다.[54]

라. 중국 동전의 수입 시도

---

53) 『영조실록』 권55, 18년 6월 계묘.

54) 원유한, 「조선후기 화폐정책에 대한 일고찰—고액전의 주용논의를 중심으로—」, 1970 ; 「성호이익의 부정적 화폐론—이조사회 해체과정의 일측면적 고찰—」, 1971 ; 「연암 박지원의 화폐제 개혁론」, 1971 ; 「다산 정약용의 발전적 화폐론」, 1971.

　은화를 동전과 병용할 것을 제의한 것과 같은 동기에서 중국 동전을
싼값으로 수입 유통시켜 일반 유통계에 나타난 화폐 유통량의 부족을
해소하자는 주장이 종종 제기되었다. 다량의 중국 동전을 싼값으로
수입 유통시키면 국내에서 동전을 주조 유통하는 것보다 훨씬 많은
유통가치를 조성할 수 있을 것이므로 동전 원료 공급난을 해소하면서
화폐 유통량 부족을 극복하게 되는 등 일석삼조의 이익을 취할 수
있다고 보았던 것이다.

　그러나 중국 동전을 국내에서 통용하면 화폐에 대한 국왕의 지배권
이 중국으로 넘어갈 염려가 있고, 중국의 동전을 녹여서 지동(地銅)으로
사용하면 중국에 대한 전통적인 예우에 벗어나는 처사가 되며, 중국
동전을 상평통보와 병용하면 중국 동전은 악화이기 때문에 유통경제
면에 적지 않은 혼란이 일어나게 된다는 등 여러 가지 이유로 중국
동전의 수입에 대해 의견의 일치를 보지 못하였다. 그리고 조선왕조가
수차 중국 동전의 수입을 결정하여 중국에 정식으로 허가를 요청한
일이 있었으나, 중국 측의 거부로 결국 실현되지 못하고 말았다.[55]
그리하여 조선후기에는 상인들의 밀수입을 통해서 약간의 중국 동전이
국내에 통용된 것에 지나지 않았던 것으로 보인다.

마. 고액전의 주조 유통 시도

　1697년(숙종 23) 소요 경비 부족과 동전유통에 대한 부정적 입장으
로 동전주조가 이루어지지 않았으나, 1731년(영조 7)에 들어서서 전국

---

55) 원유한, 「이조후기 청전의 수입·유통에 대하여」, 1972.

의 재황이 거듭되자 시급한 경비 조달을 위해 다시 동전의 주조가 진행되었다. 이와 같은 상황에서 1735년(영조 11)에 송진명은 소액전과 자모전(子母錢)으로 사용하기 위한 고액전인 당십전(當十錢)을 주조하자고 제의56)하였으나, 2년 뒤 비변사의 결정에 따라 유보되었다.57) 이후에도 박문수(朴文秀) 등의 당로자들은 주전 원료의 공급난과 전황 등의 문제점을 해소하면서 화폐제 개혁을 위한 방법으로 고액전 주조를 제기하였다. 반면 정상기, 이익 등의 실학자들은 동전유통을 금지하기 위한 하나의 방편적 조치로서 고액전의 주조 유통을 제기하였다.58)

　　1786년(정조 10)에는 어영대장 이주국이 십전통보법에 따라 당십전을 주조할 것을 제의하였다.59) 또한 1788년(정조 12)에 우정규(禹禎圭)는 당십전뿐만 아니라 당천전까지 주조하자고 주장하였다.60) 또한 1794년(정조 18)에는 북청부사 유지양이 지방수령으로서는 최초로 당백전의 주조를 건의하였다.61) 그러나 이러한 제의들은 왕조당국에게 받아들여지지 않았다.

　　동전의 원료 공급이 원활하지 않게 되면서, 전황 현상도 지속적으로 발생하였다. 이에 대해 다시 중국 동전을 수입해서 사용하자는 제의도 나왔고, 이에 대한 반대도 제기되었다.62) 이와 같은 상황을 타개하기

---

56)『승정원일기』814, 영조 11년 12월 10일.

57)『비변사등록』, 영조 13년 9월 10일.

58) 원유한,「농포자 정상기의 화폐경제론」, 1994.

59)『비변사등록』, 정조 10년 9월 3일.

60)『일성록』정조 12년 8월 17일 ;『비변사등록』정조 12년 8월 18일.

61)『일성록』, 정조 14년 4월 4일 ;『정조실록』권30, 정조 14년 4월 갑인.

150

위한 방법으로 당십전을 주조하여 십전통보라고 하자는 의견이 호조정
랑 정동교에 의해 제기되었다.63) 동전을 더욱 주조하여야 하는 상황임
에도 불구하고 동전주조 원료인 구리와 주석이 모자라므로, 돈의 가치
를 높이는 고액권인 십전통보를 발행하여 상평통보와 같이 사용하자는
주장이었다. 이를 주조하기로 하였으나, 지속적인 주조와 사용에 대해
서는 이후 기록이 미진하여 알 수가 없다. 그러나 제대로 주조 유통되지
않았으리라고 생각되는 것은 1798년(정조 22)에 대신들이 전황 문제를
해결하기 위하여 중국의 고사를 들어 당오전이나 당십전을 주조 발행
하자고 주장64)하고 있기 때문이다.

　십전통보를 비롯하여 고액전을 주조하자고 제의하였던 인물들은
고급관료와 실학자 등을 포함하여 15명 정도가 파악된다. 이런 사실을
포함하여 고액전 주조 논의를 대략적으로 살펴보면 1731년(영조 7)에
송진명이 고액전의 주조 유통을 제의한 사실을 비롯해서, 1735년(영조
11)에 당십전, 1742년(영조 18) 당십·당백전, 1750년(영조 26)에 당십
전, 1786년(정조 10)에 당십전, 1788년(정조 12)에 당십·당천전, 1791
년(정조 15)에 당백전, 1792년(정조 16)에 당이전, 1793년(정조 17)에
당십전, 1798년(정조 22)에 당오전, 1813년(순조 13)에 당이전, 1816년
(순조 16)에 당십전 등의 주조 주장이 제기되었다.65) 김육에 의해 개성

62) 『정조실록』 권36, 16년 10월 갑신.
63) 『정조실록』 권38, 17년 12월 경신.
64) 『정조실록』 권48, 22년 5월 을축.
65) 원유한, 「조선후기 화폐정책에 대한 일고찰－고액전의 주용논의를 중심으로
　　－」, 1971.

에서 사주로 이루어졌던 십전통보를 제외하고는 대부분 논의에 그치고 말았지만, 실질적인 면에서는 미세하고 점진적으로 동전의 액면가치가 높아지는데 영향을 끼치고 있었다.

이처럼 각 계층으로부터 고액전의 주조 유통론이 제기된 것은 적은 수량의 원료를 가지고 보다 많은 유통가치를 조성하여 화폐 유통량 부족을 해소하겠다는 의지가 강하게 내포되어 있었던 것이다. 그러나 이상과 같이 제기된 고액전의 주조 유통론은 개혁을 꺼리는 전통적 사회 관념의 제약과 화폐가치를 그것의 실용성에서 추구하는 화폐관이 지배적이던 당시의 사회경제적 현실이 명목가치만 높인 고액전을 수용할 수 없다고 하는 등의 여러 가지 이유로 실현 단계에 이르지 못하고 말았다.66)

바. 민간인의 동전 도급 주조

조선왕조 내에서 경제적 여력이 있는 부상 등 민간인에게 동전주조 사업을 도급해 줌으로써 화폐 유통량의 부족을 해소하자는 주장이 일어났다. 이는 국가가 재정 궁핍으로 인해서 동전 원료를 준비할 수가 없기 때문에 동전을 계속 발행할 수 없어서 화폐 유통량의 부족이 심각해졌기 때문이었다. 그러므로 고리대업 · 상업 또는 수공업을 통해 재부를 축적한 것으로 보이는 소위 부민(富民)에게 동전주조 사업을 도급하여 동전을 주조 발행하여 일반 유통계에 만연된 화폐 유통량

---

66) 원유한, 「조선후기 화폐정책에 대한 일고찰―고액전의 주용논의를 중심으로 ―」, 1970.

부족을 해소하자는 것이었다. 왕조당국이 부민에게 동전주조 사업을 도급해 줄 경우, 국가는 하등의 재정적 부담 없이 도급자들로부터 다량의 세금을 징수할 수 있고, 일반 유통계에는 통화량이 증가되어 부상대고 등이 퇴장시킨 동전도 자연히 유출되어 화폐 유통량의 부족이 해소될 수 있다는 구상이었다.

조선왕조가 민간인에게 동전주조 사업을 허가해 준다는 것은 국가의 화폐에 대한 일체의 지배권을 장악하고 화폐주조는 국고 전담 하에 국가가 관리해야 된다고 하는 전통적 명분과 정책 이념에 부합되지 않는 조치였다. 그러나 공공연한 것은 아니었을지라도 부상대고 등 경제력이 있는 민간인이 국가의 화폐주조 과정에 관여 내지 이해관계를 가질 가능성은 일찍부터 조선후기의 화폐정책 시행 과정에 내포되어 왔다. 그리고 정치·경제 등 제반 국가질서가 문란해져서 전통적인 정치이념이나 명분이 두드러지게 퇴락하는 19세기 중엽에 이르러서는 실제로 민간인들이 동전을 도급 주조하게 되었고,[67] 이것은 동시기의 화폐 유통량 부족을 해소 극복하는 데도 어느 정도 기여했던 것으로 보인다.

사. 동전의 주조 발행

이상에서 조선후기의 화폐유통 정책 전개 과정에서 일반 유통계에서 거의 만성적으로 일어나고 있던 화폐 유통량의 부족 현상인 전황을

---

67) 『주록』 ; 유원동, 『조선후기 상공업사 연구』, 1968 ; 원유한, 「18세기에 있어서의 화폐정책 -동전의 주조사업 중심-」, 1967 ; 원유한, 「이조후기 화폐주조업의 사영화 경향」, 1971 ; *The Korea Review*, 5-3.

해소 극복하기 위해서 논의되었거나, 또는 실제로 시도된 여러 가지 방안을 간략하게 살펴보았다. 그러나 이상에서 열거한 여러 가지 **방안** 보다도 화폐 유통량 부족 문제를 해결하는 데 있어서 가장 본질적이고 합리적인 방법은 왕조당국이 동전 원료 공급난을 적극적인 방법으로 극복하고 동전을 다량 주조하여 일반 유통계에 투입시키는 것이었다. 그리하여 왕조당국은 다량의 동전을 계속 발행하였지만, 원료 공급난의 제약으로 일반 유통계에서 필요로 하는 화폐량 수요에는 항상 미치지 못했던 것이다. 따라서 왕조당국은 가능한 범위 내에서 동전을 계속 주조 발행하였음에도 불구하고 일반 유통계에 나타난 화폐 유통량의 부족 현상은 계속되었고, 그것은 당시의 화폐경제 발전에 적지 않은 저해 요인이 되었다. 그러나 1820년대에 들어서면서부터 조선왕조는 갑산동광 등 국내 동광을 적극 개발하고, 일본 동의 수입 추세도 호전되어 종래보다 다량의 동전을 집중적으로 주조 발행할 수 있었고, 이로써 18세기 초 이래로 일반 유통계에 만성적으로 나타난 화폐 유통량의 부족을 어느 정도는 극복할 수 있게 되었다. 이와 같이 만성적인 통화량 부족을 어느 정도 해소 극복할 수 있었다고 하는 사실은 이후의 화폐경제 면에 발전적 영향을 끼치게 되었던 것이다.[68]

---

68) 원유한, 「조선후기 화폐정책에 대한 일고찰－고액전의 주용논의를 중심으로
　　－」, 1971.

VI. 화폐유통의 영향

1. 화폐경제의 보급 현황

조선왕조는 왜란을 겪은 뒤에 17세기 초부터 당시의 사회경제적 요청과 국가경제 재건의 필요성에 따라서 동전을 법화로 보급시키기 위해 화폐정책을 적극적으로 전개하였다. 그 결과 동전은 1640년대에 일찍이 국내외의 상업이 발달한 개성을 비롯한 강화·교동·풍단·연백 등 인근 지방에서, 또한 1650년대에 중국과의 국제 교역이 빈번한 의주·평양·안주 등의 평안도 일부 지역에서 통화 기능을 발휘할 수 있게 되었고, 1670년대부터는 동전이 일반 유통계에서 법화로써 화폐 기능을 담당하면서 계속 유통 보급되었다. 동전이 일반 유통계에서 일반적 가치 척도, 교환 매개, 지불수단 및 가치 저장수단 등 제반 화폐 기능을 발휘할 수 있게 되자 미·포 등 물품화폐의 유통이 지배적이던 전통적인 조선사회에 동전의 유통 영역이 확대되고, 법화로서의 동전에 대한 가치인식은 심화되었다.

국가의 화폐정책이 1650년대에 일단 중단되었다가 1670년대에 왕조당국이 동전을 다시 법화로 채택하여 유통시켰으나, 초기에는

156

종래부터 동전이 통용되고 있던 개성 등지와 서울을 중심으로 한 인근 지방에서 주로 사용되었다. 그러나 그 이후 동전의 유통 영역은 점점 확대되어 1720~1730년대에는 이미 북으로 회령, 서쪽으로 의주, 남으로 동래·제주도까지도 동전이 통용되었다는 기록이 보인다.[1] 심지어 변경 지방이라 하여 동전의 사용을 법으로 금지하였던 압록강과 두만강 연안의 각 읍에서도 동전이 사용되지 않은 곳이 없다고 하였을 만큼 동전의 유통 범위는 보편화되고 있었다.

한편 일반 백성은 동전을 귀중하게 여기고 부잣집에서는 금주(金珠)·보패(寶貝)로 생각하게 되었다. 탕약을 먹으려 하지 않는 아이에게 동전을 주면 곧 마셨고,[2] 채소장수 할머니와 소금을 파는 아이들까지도 모두 곡식을 원치 않고 동전을 받으려 했다는 것이다.[3] 그리고 동서남북을 분간할 수 없을 만큼 어린 양반집 자제들도 동전을 헤아릴 줄 알고, 노예나 천박하고 우매한 사람들까지도 동전은 물건 매매거래와 일상적인 용도에 편리하다는 것을 깨닫고 있었다는 기록이 보인다.[4] 또한 1811년(순조 11)에 홍경래난을 치른 뒤에 동전 퇴장 경향이 심해졌고, 이로 인해 일반 유통계에서 통화량의 부족이 더욱 심각해진 것은 화폐가치에 대한 인식이 높아졌기 때문이라고 할 수 있다. 이런 사실을 통해서 당시의 일반 백성들이 비상시에 대처한 가치 축적수단

1) 『승정원일기』 554, 경종 3년 5월 2일 ; 『승정원일기』 645, 영조 3년 9월 12일.
2) 『승정원일기』 716, 영조 6년 12월 26일 ; 『승정원일기』 1058, 영조 26년 7월 4일.
3) 『숙종실록』 권62, 44년 10월 무신.
4) 『승정원일기』 636, 영조 3년 윤3월 16일.

으로서 동전의 가치를 높이 평가하고 있었다는 사실을 짐작할 수 있는
것이다.

　동전의 유통 범위가 지역적으로 확대 보편화되고 동전유통의 경제
적 가치인식이 심화된 당시 일반 유통계에 있어서의 동전유통 보급
상태는 놀랄 만큼 비약적이었다. 물품화폐의 유통이 지배적이던 조선
사회에 동전이 유통 보급됨에 따라서 각 가정의 아침·저녁 끼니 거리
와 사람마다 먹고 입는 물건을 모두 동전으로 사게 되었다고 할 만큼
동전은 일반 백성의 일상생활을 영위하는 데 있어서 중요한 교환수단
으로서의 역할을 담당했다고 한다. 부상대고 등 경제적 여력이 있는
계층에서는 다량의 동전을 축적하여 생산자본으로 활용하거나 고리대
업을 통해 자본을 증식하기도 하였다. 양반집 자제들이 일상생활에서
동전을 활용하는 것이 시장에서 장사하는 아이들과 다른 것이 없었다
고 한다. 동전은 일용잡화와 같은 작은 물건의 매매거래에서 뿐만
아니라 가옥, 토지, 노비와 같은 큰 거래의 결제수단으로서도 사용되었
다. 동전은 관료의 봉급과 이서 요포(料布)의 일부로 지급되는 동시에,
노임으로 지급되어 노임의 화폐화가 촉진되었다. 또한 소작인은 지주
에게 동전으로 소작료를 바치게 됨으로써 소작료의 화폐화도 진전되고
있었다.5)

　한편 왕조당국은 국가 수입과 지출 과정에 동전의 사용량을 점증시
켜 전통적으로 현물에 의존하던 국가 수입과 지출의 화폐화를 시도하
였다. 국가 수입과 지출의 화폐화는 왕조당국이 동전유통 정책을 시행

---

5) 원유한, 「18세기 전반기 농촌유생 이일장의 화폐사상」, 1976.

158

하기 시작한 초기 단계부터 가장 효율적이고 적극적인 화폐유통 보급 방안이었던 것이다. 1720년대에는 전조와 군포를 모두 동전으로 대납케 했다고 말할 정도로 중요한 국가 수입이 화폐화되었고, 하루아침에 동전의 통용을 금지하면 정부와 군부(軍府)가 지탱할 수 없게 된다고 했을 만큼 정부의 수용(需用)과 군부의 축적이 동전에 의존되었다. 우정규의 『경제야언(經濟野言)』을 보면, 1780년대에 있어서 중앙 및 지방 각 기관의 동전 수납 실태가 다음과 같이 기록되어 있다.

> 지금 동전이 귀하게 된 폐단은 다른 데 있는 것이 아니다. 1년간 관청에서 민간으로부터 거두어들이는 동전은 헤아릴 수 없다. 서울의 선혜청·균역청·각 군영과 지방의 영·각 진에서 거두어들이는 동전이 이미 수십만 민(緡, 1민은 10냥)이나 된다.6)

호조·선혜청·균역청 등 중요한 국가재정 관리 관청의 수입·지출의 화폐화 추세 역시 큰 변화가 나타나고 있었다. 동전이 법화로 유통 보급된 이후 국가 수입과 지출의 화폐화 추세를 살펴보기 위해 우선 국가재정 관리의 주무 관청인 호조의 연간 수입·지출 면의 동전 액수는 대개 다음의 표와 같다.

자료의 한계로 인해 조선후기의 상황을 자세히 파악할 수 없으나, 시대가 밑으로 내려올수록 호조의 연간 수입·지출 면에 동전의 포함 액수가 점증되고 있는 대체적 추세를 파악할 수 있다. 호조의 연간 수입을 보면, 1700년(숙종 26)에 84,260냥이던 것이 1790년

---

6) 우정규, 『경제야언』.

호조 연간 수입·지출 중 동전 포함 액수

년 도	연간 수입(냥)	연간 지출(냥)
1685년(숙종 11)		33,935
1700년(〃 26)	84,260	
1702년(〃 28)		81,850
1707년(〃 33)	66,260	
1713년(〃 39)	82,350	
1714년(〃 40)		73,200
1723년(경종 3)	115,026	106,674
1727년(영조 3)	118,300	127,000
1729년(〃 5)		133,616
1730년(〃 6)	177,420	
1731년(〃 7)		198,790
1732년(〃 8)	93,890	
1749년(〃 25)	169,790	
1757년(〃 33)		420,076
1776년(정조 즉위)		576,769
1777년(〃 1)		374,860
1780년(〃 4)	152,245	
1782년(〃 6)		182,299
1783년(〃 7)	208,959	
1784년(〃 8)	148,250	
1785년(〃 9)	219,830	
1790년(〃 14)	409,997	
1792년(〃 16)		274,890
1807년(순조 7)	306,986	323,338
1816년(〃 16)	140,000	210,000

(정조 14)에 최고 409,997냥으로서 약 490% 증가되었다. 그리고 호조
의 연간 지출 면을 보아도 1685년(숙종 11)에 33,935냥이던 것이 1776
년(정조 즉위) 최고 576,769냥으로 약 1,700%로 증가된 경우도 있었다.

한편 1750년대 말에서 19세기 초에 이르는 시기에 대동법을 주관한
선혜청의 연간 수입·지출에 포함된 동전 액수의 증가 추세는 다음
표를 보면 대강 짐작할 수 있을 것이다.

선혜청의 연간 수입·지출 중 동전 포함 액수

연 도	연간 수입(냥)	연간 지출(냥)
1759년(영조 35)	288,433	324,287
1763년(″ 39)	230,791	
1766년(″ 42)		273,891
1767년(″ 43)	247,229	
1769년(″ 45)		294,430
1785년(정조 9)	419,614	
1787년(″ 11)		448,591
1795년(″ 19)	386,066	367,917
1796년(″ 20)	350,409	
1799년(″ 23)		308,322
1807년(순조 7)	340,463	377,613

반세기여에 걸치는 동안의 선혜청의 연간 수입 면에 포함된 동전 액수는 최저 1763년(영조 39)의 230,791냥으로부터 최고 1785년(정조 9)의 419,614냥에 이르렀으며, 연간 지출 면을 보면 최저액은 1766년 (영조 42)의 273,891냥이고, 최고액은 1787년(정조 11)의 448,591냥으로 증가되고 있다. 군포의 수납업무를 관장하는 균역청의 1807년도(순조 7) 수입에는 518,137냥, 그리고 지출 면에는 373,837냥이란 거액의 동전이 연간 수입·지출 면에 포함되어 있는 것이다.

중요한 국가재정 관리기관들의 연간 수입·지출 면에 포함된 동전 액수의 증가추세는 국가 수입·지출의 화폐화 추세를 보여 주는 것으로, 1670년대에 동전을 법화로 채택하여 통용시킨 이후 공경제 면에 나타난 화폐의 유통 보급 실태를 대강 파악할 수 있을 것이다.[7]

---

7) 원유한, 「18세기에 있어서의 화폐정책-동전의 주조사업을 중심으로-」, 1967
 ; 「전통 조선사회 해체과정에 대한 일고찰-금속화폐 유통문제를 중심으로
 -」, 1973.

이상에서 조선왕조가 동전을 법화로 유통 보급시킨 이후 동전 유통 영역은 확대되고, 동전의 경제적 가치인식은 심화되었다. 이와 함께 동전이 공·사 유통경제 면에서 제반 화폐기능을 발휘하게 되자, 전통적인 조선사회의 생산양식과 가치관념의 변질은 급진전되기에 이르렀던 것이다.[8]

2. 화폐유통의 영향

가. 상업 발달과 농민의 토지 이탈

17세기 초부터 점점 확대 시행된 대동법과 상호 보완관계를 가지면서 더욱 활기를 띤 상업 분야는 왕조당국의 동전유통 보급정책에 따라 발달 추세가 한층 가속되었다. 조선사회가 금속화폐의 유통체제로 전환됨에 따라서 일반 유통계에서의 가치 이전은 간편해지고, 이로 인해 상품유통은 한층 활발해졌던 것이다. 한편 인구 증가율의 점증, 각종 산업 전반의 발전적 변화 상황 하에서 통제를 벗어난 자유상인 계층이 성장하였고, 각 지방에는 장시가 급격히 증설되기에 이르렀다. 또한 거의 자급자족적이고 물물교환이 지배하던 농촌사회가 동전 통용 이후 점점 확대 시행된 국가 수입의 화폐화 조치, 급격히 활발해진 상업 활동과 고리대업을 통해서 화폐경제권으로 포섭되었다. 이로써 전통적으로 농사를 천직으로만 알고 살아 왔던 농민들의 영리 감각과 사행심이 발달되었다. 그리하여 농민 중에는 적은 노력을 들이고 보다

---

8) 원유한, 「조선시대 화폐사 시기구분론」, 1981.

많은 이익을 취하기 위해 농기구를 버리고 토지를 이탈해서 상업에 종사하는 자가 속출하게 되었다.9) 이와 같은 농민의 토지 이탈은 전통적인 조선사회의 기본 산업인 농업의 생산성을 위축시키게 되리라는 점에서 당시의 왕조 당로자들을 비롯한 지식계층으로 하여금 깊은 우려를 가지게 하였다.

동전이 유통 보급되고 화폐경제가 농촌사회에 점점 깊이 침투함에 따라 농업생산이 위축되는 반면 상업의 발달이 촉진되었다. 이러한 사실은 왕조 당로자를 비롯한 지식계층에게 농업을 본업으로 중요시하고 상공업을 말업(末業)이라 하여 억제하여 왔던 전통적 산업정책 이념에 배치되는 현상으로 인식되어졌을 것이다. 더구나 상업 발달로 인해 기본 산업인 농업이 위축되고 있다는 사실은 국가의 경제 기반을 농업생산10)에 두고 민본적 정치이념을 표방11)해 온 왕조 당로자들의 전통적 가치관에서 볼 때 심각한 사회경제적 모순 내지 폐단으로 생각되지 않을 수 없었다. 농민이 토지를 이탈하여 상인이 된다고 하는 사실은 농토의 황폐화 내지 농업 생산성을 감퇴시키는 한편, 농촌사회로의 상품경제 침투를 촉진하여 농민의 담세력을 약화시킴으로써 조선사회의 전통적 공조(貢租) 관계를 위태롭게 했다. 이와 같은 점은 동전이 유통 보급됨에 따라서 민중의 재산이 날로 고갈되고 국가의 세입이 줄어들고 있다고 하는 사실12)을 통해서도 짐작할 수 있을 것이다.

9) 『숙종실록』 권29, 21년 12월 무술.

10) 『성호사설유선』, 전제.

11) 『곽우록』, 「전론」.

12) 『곽우록』, 「전론」.

한편 동전이 유통 보급됨으로써 농업생산이 위축된다고 하는 사실
은 양반 지배계급이 전통적으로 토지를 기반으로 하여 구축한 경제력
을 약화시키는 것이었다. 반면에 동전의 유통 보급으로 촉진된 상업
발달은 양반 지배계급이 꺼려왔던 일반 서민층의 재부 축적의 가능성
을 증대시켰다. 대체로 사회 가치판단이 양반 지배계급 중심으로 이루
어지고 있던 전통적인 조선사회에 있어서 농업생산을 위축시키고 상업
발달을 촉진시킨 화폐경제의 발달은 양반 지배계급의 위기의식을 불러
일으킬 만큼 심각한 사회경제적 폐단으로 생각되었을 것이다. 그리하
여 당시 조선사회의 양반 지배계급을 비롯한 실학자 등 지식계층에서
는 농업생산력의 회복 내지 증진의 필요성에서 '무농(務農)'을 강조하면
서, 상업 발달을 촉진하는 동전의 통용을 중단시키자는 견해와 주장이
집요하게 일어나고 있었다.13)

나. 광업개발 의욕의 증진과 수공업 발달

조선후기에 화폐경제가 확대 보급됨에 따라서 동전 원료의 수요량
이 급격히 증가되었고, 왕조당국은 급증된 동전 원료를 공급하기 위해
서 당시 국내 광업의 주요 부문이었던 동광을 적극적으로 개발하기에
이르렀다. 또한 왕조당국이 의욕적으로 개발한 동광 경영의 합리화
내지 효율화가 계속 모색되었고, 채광기술의 개량도 추구되어 상당한
발전을 기할 수 있었던 것으로 보인다. 더구나 1820년대부터 적극

---

13) 원유한, 「조선전통사회의 화폐유통에 대한 반동의 한계성-영조의 동전통용
  금지 시도의 실패를 중심으로-」, 1979 ;「성호 이익의 부정적 화폐론-이조사
  회 해체과정의 일측면적 고찰-」, 1971.

164

개발된 갑산동광의 개발 경영 과정에서는 자본주의적 광업 경영양식에 접근하는 경영방법이 적용되었다는 주장도 있다.[14]

조선후기의 동광 개발은 동전 원료공급의 필요성이 중요한 동기가 되어서 주목할 만한 발전을 보았고, 또한 동광이 당시의 광업 부문에서 점하는 비중이 적지 않았다고 볼 때, 화폐경제 발달이 동광의 개발 및 조선후기의 광업 발달에 끼친 발전적 영향도 결코 적게 평가될 수 없을 것이다.[15] 더구나 화폐경제 보급으로 광업 개발이 촉진될수록 직접적으로 화폐경제 자체의 발달을 가속화시켰음은 물론, 상업 또는 무기나 유기 제조 등 금속 수공업의 발달을 촉진하여 전통적 생산양식의 발전적 변화를 한층 더 증진했다는 점에서 볼 때 화폐경제의 발달이 가지는 역사적 의미는 더욱 크다고 할 수 있다.

한편 조선시대의 동전주조 사업은 일종의 특권적 관영 수공업으로서 국가의 중요한 이권 사업의 하나였다. 중앙집권적인 조선왕조는 이권재상 또는 화권재상의 명분을 내세워 동전주조 사업을 국가에서 직접 관리 운용하는 것을 원칙으로 하였다. 이러한 동전주조 사업은 동전을 유통 보급시키기 위한 화폐정책이 추진된 조선전기나, 왜란 이후 1650년대까지도 종종 설행되었다.

동전주조 사업을 수행하는 데 필요한 기구와 시설이 어떠한 것이었으며, 또한 그 사업에는 얼마나 많은 인원이 동원되고 있었는지는 확실히 알 수 없다. 그러나 1770년대의 기록을 보면 당시에 동전주조

14) 김영호, 「수공업의 발달」, 『한국사』 33, 국사편찬위원회, 2003.

15) 원유한, 「조선후기의 동광연구-동광개발 정책을 중심으로-」, 1983.

사업을 설행하는 데 50대의 주전로(鑄錢爐)가 설치되었고, 1850년대의 주전소에서는 주전로 매대 당 70여 종류의 기구가 150여 개나 비치되어 있었다. 주전소에는 이상에 말한 주전로와 각종의 기구 이외로 부대시설이나 공동용의 기구가 있었던 것이다.16)

그리고 1770년대의 기록에 의하면, 주전소에 50대의 주전로가 설치되는 경우, 주전 기술자와 잡역부를 합해서 1천여 명의 인원이 동원되었다. 동전주조 사업에 동원되는 기술자는 주로 각 관청이나 군영 소속 기술자를 차출해서 사역했고, 잡역부들은 주로 노임을 주고 고용했던 것으로 보인다. 토지를 이탈한 농민 등 유휴 노동력이 많았던 당시에 잡역부를 고용하는 것은 그다지 어려운 문제는 아니었다. 1850년대에 부상과 수공업 경영자에 의해 도급 주전이 성행하게 되자, 주전 기술자나 잡역부들은 비교적 자유로운 입장에서 동전주조 사업에 종사하게 되었던 것 같다. 동전주조 사업에 종사하는 기술자나 잡역부에게는 노동의 대가로 포를 지급하는 것을 원칙으로 하였다. 그러나 그들이 받는 노동의 대가는 일찍부터 화폐화하여, 도급 주전이 성행되었던 1850년대에는 자유 임금노동자의 입장에서 노임을 동전으로 받을 수 있게 되었다.

조선후기에 있어서의 화폐주조 기술은 동전의 품질, 중량 또는 체재를 정확히 측정할 수 있는 기술 수준까지는 이르지 못했던 것으로 보인다. 이처럼 기술 수준이 정교하고 치밀하지 못했던 당시에 있어서 화폐주조 기술의 한계성은 동전 품질의 조악화와 체재의 불통일성을

---

16) 원유한, 「18세기에 있어서의 화폐정책-동전의 주조사업을 중심으로-」, 1967 ; 「이조후기 화폐주조업의 사영화경향」, 1971.

초래하게 된 중요한 원인의 하나가 되었다. 그러나 당시의 화폐주조 기술자는 마련장(磨鍊匠)·세철장(洗鐵匠)·철용장(鐵春匠)·주장(注匠)·마광장(磨光匠)·작관장(作貫匠)·방정장(方正匠) 등으로 분류되고, 주전로 매대 당 비치되어 있는 기구가 70여 종류가 되었다는 점을 미루어 볼 때 동전의 주조 공정은 세분화되어 있었다는 사실을 알 수 있다. 이와 같이 원료를 녹여서 주형에 붓는 과정에서부터 동전의 광택을 내어 꾸러미를 만들기까지 동전은 당시 다른 수공업 분야보다 비교적 복잡하고 정밀성을 필요로 하는 분업 작업으로 이루어진 공정을 거쳐서 주조가 완료되었다.

동전주조 사업은 수익성이 높은 사업이었다. 그리하여 조선왕조당국은 국고 전담 하에 국가가 동전주조 사업을 관리 운용하는 것을 원칙으로 했고, 거기에 민간인의 개입은 원칙적으로 배제하려 하였던 것이다. 그러나 동전주조 사업은 수익성도 컸지만 반면에 소요되는 경비 역시 적지 않았다. 만성적인 재정난에 허덕이던 왕조당국으로서 동전주조 사업을 위한 경비 염출은 과중한 부담이었기 때문에 민간인 출자의 길을 터놓지 않을 수 없게 되었다. 그리하여 부상 또는 수공업 경영자 등과 같이 자본축적이 가능했던 계층은 조선후기의 동전주조 사업에 직접·간접으로 참여하여 이해관계를 가지게 되었고, 1850년대에 이르러서는 마침내 국가로부터 동전주조 사업을 도급받게 되었다.

동전주조 사업을 도급받는 데 있어서는 자본의 조달 못지않게 기술·자원을 동원하는 것이 기본 요건으로 되어 있기 때문에 부상보다

는 수공업 경영자가 도급 주전에 참여하는 기회가 많았던 것으로 짐작
된다. 당시 왕조당국은 동전주조 사업을 도급해 줄 경우, 도급해 주는
국가 측이나 도급받는 민간인이 모두 이롭다는 명분을 내세우면서
화폐 도급 주전제를 실시했다.

　이와 같은 사실을 통해 다음의 사실에 주목할 수 있을 것 같다.
먼저 왕조 당로자들은 중앙집권적 정치이념이나 전통적 명분 또는
원칙에 집착하기보다 편의와 실리를 추구하려 하는 등 가치 평가 태도
가 실질화되고 있다는 점을 들 수 있다. 다른 하나는 상인이나 수공업
경영자들이 막대한 자본의 투입을 필요로 하는 동전주조 사업을 도급
받을 수 있을 만큼 성장하였다는 점이다.

　왕조당국이 동전을 법화로 유통 보급시킴으로써 동전주조 사업이
라고 하는 새로운 금속 수공업이 조선시대 후기의 수공업 부문에 자리
잡게 되었다. 1670년대 이후부터 화폐경제가 국내 전역으로 점점 확대
보급되자 우선 동전주조 사업의 규모는 확대되고 설행하는 회수도
빈번해졌다. 이에 따라서 동전주조 사업 경영의 합리화가 모색되고
주전 시설과 기구의 개량 개선이 시도되는 한편, 주전 기술자의 수가
급증하고 주전 기술의 정예화를 위한 노력도 계속되었다. 조선후기에
있어서 동전주조 사업은 상설적인 것이 아니었기 때문에 국가에는
상설 조폐기관이 없었고, 따라서 동전주조에만 종사하는 전업 주전
기술자도 없었다. 그리하여 국가에서 동전주조 사업을 설행할 때에는
각 관청 군영 소속 기술자와 유기 제조 기술자가 동원되었고, 동전주조
사업이 부상이나 수공업 경영자에게 도급될 경우에도 각자가 화폐주조

기술자를 동원해서 사역해야만 하였다.

이들 동전주조 사업에 동원된 기술자들은 비교적 높은 노임을 받을 수 있었고, 정밀성이 요구되는 동전주조 작업에 종사하는 동안에 기술을 연마할 수도 있었다. 그리하여 동전주조 사업은 군기 및 유기 제조업 등 각종 금속 수공업과 상호 보완관계를 가지면서 발달되고 있었다는 점에서 볼 때 동전주조 사업이 조선후기의 수공업 부문, 특히 금속 수공업 발달에 기여한 점은 결코 작게 평가될 수 없을 것이다. 동전의 유통 보급으로 촉진된 상품화폐 경제가 수공업자의 생산 의욕을 자극하여 수공업 발달이 증진되었다는 점은 틀림없다. 따라서 조선후기 화폐경제의 발달과 병행해서 확대 발전된.특권적 공장제 수공업으로서의 동전주조 사업이 당시의 수공업 부문에서 차지하는 비중과 영향력이 적지 않았을 것이다. 이는 화폐경제의 발달이 조선후기 수공업 발달 과정에 작용한 다른 한 면의 발전적 역할을 한 것이라고 할 수 있다. 한편 부상이나 수공업 경영자들은 그들이 축적한 자본을 동전주조 사업에 투입함으로써 자본을 증식하여 당시의 상업이나 수공업계에서 각자의 위치를 굳히고 영향력을 한층 더 강화할 수 있게 되었으리라는 점도 간과할 수 없을 것이다.

다. 고리대자본의 성장과 농민층의 분화

15세기 중엽에 표면화된 지배계층의 사전 확대 경향은 왜란을 계기로 해서 더욱 현저하게 진전되어 농민의 토지 상실과 소작인화를 촉진하였다. 특수 계층의 토지 강점과 농민의 토지 상실과 소작인화로 인한 농민생활의 궁핍화 현상은 1720년대의 농촌 지식인 이일장(李日章)이 올린 상소문에 다음과 같이 나타나 있다.

중앙에서 멀리 떨어져 있는 지방의 전토가 넓지 않은 것은 아니다. 그러나 그 대부분이 서울 사대부의 농장이고 제궁의 절수지(折水地)이므로 지방의 소민은 송곳을 세울 만한 땅도 가진 자가 적다. 이 때문에 지방 농민의 의식은 모두 소작에 의존하게 되는데, 사세(소작료)와 공부(세금)를 바치고 자기가 차지하는 것은 생산량의 5분의 1도 못된다. 그러므로 소민으로서 농사를 지어 먹고 사는 자는 그 해를 살아나갈 재물이 없어서 봄이 되면 씨앗과 종자를 모두 사채에 의존하였다.[17]

이처럼 빈곤의 악순환 속에서 동전이 유통 보급되기 이전에는 대다수 농민의 생계 방편이 되어 왔던 사채가 대부분 미곡으로 거래가 이루어졌다. 미곡으로 사채 관계가 이루어질 경우에 연간 이자는 3내지 2분의 1에 지나지 않았기 때문에 농민들은 사채의 이자를 상환하는 것이 그다지 큰 부담이 되지는 않은 것 같다.

그러나 동전이 법화로서 일반유통계에 보급되면서부터 동전은 사용하기가 편리하고, 가치로서 퇴장시키기가 용이해져서 부상대고 등 경제적 여력이 있는 계층의 고리대 행위가 조장되어 화폐 자본화한 고리대자본의 성장 발전이 촉진되었다. 이들은 동전가치가 낮을 때에 다량의 동전을 퇴장하였다가 사채에 생계를 의존해야만 하는 빈곤에

---

17) 『승정원일기』 636, 영조 3년 윤3월 16일.

허덕이는 농민층을 상대로 고리대업을 자행하여 높은 이윤을 취하였다. 부상대고 등은 곡식 값이 비쌀 때 쌀을 팔아서 동전을 대출하고, 곡식 값이 낮을 때 이자와 함께 동전으로 환수하여 쌀을 사들이면, 명목상 50%의 이자라고 하지만 실제적으로는 700~800%, 심할 경우에는 1,000%에 달하는 높은 이자를 받아들였다는 것이다.[18] 그리하여 고리대업자는 단 시일 내에 많은 재부를 축적하게 되는 한편, 그들의 착취 대상이 된 영세 농민들은 한 해 동안 땀 흘려 지은 농사의 수익으로 한두 달 먹고 살기 위해 얻었던 전채를 상환하고 나면 추수 후에 빗자루를 들고 길에서 흐느끼게 되었다는 기록이 보인다.[19]

이들 농민층은 그 해가 지나기 전에 다시 고리채를 얻지 않을 수 없게 되고, 마침내는 과중한 고리채의 부담을 감당치 못하고 사방으로 흩어져서 죽게 되거나 도적이 되는 자가 적지 않았다. 이일장은 자신이 농촌에 생활 기반을 두고 있기 때문에 그 실정을 체험적으로 잘 알고 있다는 사실을 자처하면서, 당시 동전의 유통 보급으로 조장된 고리대업에 의해 촉진된 농민층의 몰락 내지 농촌사회의 분화 현상을 다음과 같이 말하고 있다.

"전일에 100호였던 마을이 지금에 와서 10호도 남아 있는 것이 없고, 전일 10호였던 마을은 지금 1호가 남은 것이 없다. 인연(人煙)이 끊어지고 시리(市里)가 쓸쓸해졌으니 이런 것들이 동전의 유독(流毒) 때문이 아닌 것이 없다."[20]

---

18) 『숙종실록』 권29, 21년 12월 무술.

19) 『승정원일기』 636, 영조 3년 윤3월 16일.

이일장과 같은 시대를 살면서 농촌사회에 끼친 화폐경제의 영향을
체험한 실학자 이익도 동전의 부정적 영향에 대하여 공감하고 있었다.
이익은 동전의 유통 보급으로 부상대고 등의 고리대업이 조장되어
그들의 착취 대상이 된 영세 농민층은 빈곤의 악순환 속에서 그들
중 80~90%가 농토와 가옥을 잃게 되었다고 주장하였다.[21]

그러나 농민층의 몰락 내지 농촌사회의 분화를 촉진한 고리대업은
부상대고 등에 의해서만 자행된 것은 아니었다. 영세 농민의 생활을
안정시킨다는 명분으로 전국 각 읍에 설치한 관설 기관에서도 고리대
업을 음성적으로 행하여,[22] 농민층의 몰락 내지 농촌사회 분화를 촉진
하였다.

그리고 농민들 중에는 그들 자신이 스스로 고리대업을 통해 보다
높은 이윤을 취하기 위해 논·밭과 소·말 등의 가축을 팔아 버림으로
써 결과적으로 농사를 짓지 못하게 되는 자가 적지 않았다.[23] 이와
같은 사실도 농민층의 몰락과 농촌 사회의 분화를 부채질한 원인의
하나가 되었다. 부상대고 등과 국가기관에서 행해지는 고리대업에
의해서 상당수의 농민이 유산(流散)되고, 이로 인해 초래된 농촌사회의
분화는 타의적 동기에 기인한 것으로 보아야 할 것이다. 반면에 농민
자신이 고리대업을 통해서 보다 많은 이익을 취하기 위해 농토와 가축
을 팔아 버림으로써 촉진된 농촌사회의 분화는 농민이 상업에 종사하

20) 『승정원일기』 636, 영조 3년 윤3월 16일.
21) 『성호사설』 상, 인사문, 전해(錢害).
22) 『승정원일기』 636, 영조 3년 윤3월 16일.
23) 『승정원일기』 636, 영조 3년 윤3월 16일.

기 위해 토지를 이탈한 경우와 같이 농민 각자의 자의적인 동기에
의한 것이었다고 말할 수 있을 것이다.

고리대업으로 촉진된 농촌사회의 분화는 그 동기가 타의적이었든,
또는 자의적이었든 간에 전통적 조선사회의 기본 산업인 농업의 생산
력을 위축시키고, '부익부 빈익빈'을 나타나게 한 것처럼 일부 계층에게
사회 재부가 편재되는 현상을 심화시킨 요인이 되었다. 그리하여 전통
적으로 민본사상과 농본 및 균산주의를 중요 정치이념으로 표방해
왔던 왕조 당로자를 비롯한 실학자 농촌 지식인들 중에는 농민층의
몰락 내지 농촌사회의 분화를 촉진하는 고리대업을 억제하기 위한
한 방법으로서 고리대업을 조장하는 동전 통용을 금지하자고 주장하는
사람이 적지 않았다.[24]

라. 도적의 대집단화와 사회불안

동전의 유통 보급으로 급격히 성장 발전한 상품화폐 경제와 고리대
자본이 자급자족적인 농촌사회에 침윤(浸潤)되었고, 침윤 농도가 짙어
짐에 따라서 농민층의 몰락과 농촌사회의 분화는 촉진되었다. 이처럼
농민층 또는 농촌사회가 변질되고 있는 과정에서 그 동기가 자의적이
었든 타의적이었든 간에 토지를 이탈한 상당수의 농민들은 주로 상공
업에 종사하거나 농업, 또는 광산에서 임노동자가 되었던 것이다. 토지
를 이탈한 농민 중에서 각 생산 분야에서 활로를 개척하지 못한 자들은

---

24) 원유한, 「조선전통사회의 화폐유통에 대한 반동의 한계성-영조의 동전통용
　　금지 시도의 실패를 중심으로-」, 1979 ; 「성호 이익의 부정적 화폐론-이조사
　　회 해체과정의 일측면적 고찰-」, 1971.

자연 도태되어 죽게 되거나, 산속에 들어가서 도적 집단에 가담하지
않을 수 없었던 것으로 보인다. 그런데 당시 토지를 이탈한 농민 중에는
직접 도적 집단에 가담하게 되었거나, 또는 도적이 될 요인을 내포하고
있는 자들도 적지 않았던 것으로 보인다.

　동전이 법화로서 공·사 경제 면에 유통 보급되기 이전에는 도적
집단이 사회불안 요인으로서 그다지 심각하게 느껴지지 않았을 것이
다. 동전 통용 이전의 시대에는 의·식생활을 부피가 크고 무거워서
많은 수량을 운반하는 것이 쉽지 않은 곡물류에 의존하고 있었다.
그리하여 도적들은 고기를 먹지 않은 날짐승과 사슴이 고기를 대하듯
곡물을 탐내지 않았기 때문에 도적이 양민을 침탈하거나 살해하는
경우는 흔하지 않았다.[25]

　반면에 동전은 부피가 작고 무게가 가벼워서 재물을 운반하고 관
리·보관하는 방법이 곡물류에 비해 훨씬 간편해졌다. 이처럼 동전의
유통 보급으로 가치 이전이 편리해지고 가치 보장이 간편해졌을 뿐만
아니라, 팔고 쓰는 데도 편리해져서 도적 행위는 종래보다 빈발하고
도적 집단의 규모도 훨씬 커졌다. 실학자 이익은 동전유통의 폐단을
지적하여 동전은 도적 행위에 편리하고 도적들이 원하는 것이라고
비판하고 있다.[26] 당시 도적의 규모는 작은 것은 수십 명이 집단적으로
밤에 불을 밝히고 마을을 강탈하였고, 규모가 큰 것은 1백에서 1천여
명으로 무리를 지어 두목을 수령(首領), 또는 변장(邊將)이라 부르면서

25) 『승정원일기』 636, 영조 3년 윤3월 16일.
26) 『성호사설』 상, 인사문, 전해.

대낮에도 거리낌없이 총을 쏘고 동전을 약탈해 갔다.[27] 그리고 운반하기가 불편한 곡식은 거지들에게 나눠주면서 자기들 스스로를 의로운 도적이라 자처했다. 당시 이처럼 대담하고 대집단화한 도적 집단이 끼치는 폐해나 도적에 대한 두려움은 일시적인 사회불안 요인에 그치는 것이 아니고, 그것을 억제하지 못할 경우에는 황건 녹림적과 같은 큰 도적 집단으로 발전하여 국가의 존망이 걸렸다고 하였을 만큼 도적 집단에 대한 우려는 매우 심각한 지경에 이르렀다.[28]

　　도적 집단의 구성원 중에는 부상대고와 일부 관청의 고리채나, 지방관리의 가렴주구에 견디지 못하고 농토와 집을 잃고 떠돌아다니는 농민 출신이 상당수를 점하고 있었을 것으로 짐작된다.[29] 이들에게는 자신들을 파산, 몰락으로 이끌었다고 생각하는 고리대업자나 일부 관청 내지 지방관리에 대한 원한이 사무쳤을 것이다. 그리고 '부익부 빈익빈'과 같은 일부 계층에 의한 사회 재부의 편재 현상과 무능 부패한 왕조 당로자들에 대한 불만 불평도 적지 않았을 것이다. 그들의 도적행위는 단순히 의식생활을 지탱하기 위한 재물의 약탈에만 목적이 있었던 것이 아니라, 자기들 나름의 도적 행위에 대한 당위성과 명분을 내세우려고 한 느낌을 가지게 한다. 이러한 점은 그들이 스스로를 의적이라고 자처했다든지, 두목을 수령 또는 변장이라고 부르면서 자신들의 도적 행위를 의롭고 정당한 행위로 합리화하려는 경향을

---

27) 『승정원일기』 636, 영조 3년 윤3월 16일.

28) 『승정원일기』 636, 영조 3년 윤3월 16일.

29) 『승정원일기』 636, 영조 3년 윤3월 16일.

엿볼 수 있다. 따라서 당시의 도적 집단은 반사회 내지 반체제적 성격을 띤 것으로 볼 수 있으며, 18세기 초부터 시작하여 19세기에 들어서서는 거의 국내 전역으로 파급되었던 농민반란의 성격과도 연결된다고 할 수 있다. 이로써 우리는 조선후기에 있어서 사회불안의 중요한 원인이 되었던 도적 행위의 빈발 내지 도적 집단의 대규모화를 조장한 화폐경제 발달의 역사적 의미를 보다 확대 해석해 보아야 할 필요가 있다.

마. 지방관리의 수탈과 농민의 궁핍화

조선시대 수령의 가장 중요한 직무는 중앙으로부터 할당된 공부(貢賦)를 징수하여 상납하는 일이었다. 이러한 수령의 직무는 육방(六房)의 이서(吏胥)들이 나누어 수행하게 되어 있는데, 지방 사정과 실무에 익숙한 이서들의 행적은 곧 수령의 치적을 좌우하는 요인이 되었다.

조선후기에 들어서면서 왕조당국의 통치질서가 점점 문란해짐에 따라 수령과 이서들의 농민 착취 등 불법 부정행위도 더욱 심해졌다. 뇌물로 관직을 얻은 수령들은 재임 중에 뇌물 비용을 보충하거나 늘리기 위해 힘썼고, 법정 급료가 없는 이서들은 생계유지와 또 그 직임을 맡기 위해 수령에게 바친 뇌물 비용을 벌충하기 위해 지방 관청의 세곡·세전을 사취하거나 농민들에게 어떤 구실을 붙여서라도 많은 재화를 거두어들이려고 하는 등 불법 부정행위를 자행하였다.

물품화폐의 유통이 지배하던 시기에는 각 지방관청의 경비로 쌀과 포를 비축해 두었다. 포백(布帛)이 쌀에 비해서 가벼운 재화라고는 할 수 있지만, 남의 눈에 띄지 않도록 숨겨서 운반할 수 있는 것은 아니었다. 그리하여 수령이 청렴하지 못한 인물일지라도 감히 터놓고 포백을 모아서 실어 나를 수는 없었던 것이다. 그리고 각 읍의 이서들이 농민으로부터 뇌물을 받는 것이 관례화하였더라도 쌀은 무거워서 짊어지기 힘들고, 부피가 커서 타인의 눈에 쉽게 발각되기 때문에 회뢰(賄賂) 행위는 자연 견제되어 공공연히 행해질 수 없었다.[30]

그러나 동전이 일반 유통계에서 제반 화폐 기능을 원활히 발휘할 수 있게 되자, 수령은 부피가 작고 무게가 가벼워서 운반하기가 쉬운 동전을 다량 모았다가 포장·운반하여 집을 짓거나 토지와 노예를 살 수 있게 되었다고 한다. 그리고 각 읍의 이서들도 물품화폐의 유통이 지배하던 종래와는 달리 농민들로부터 동전을 뇌물로 받아도 흔적이 없고, 그것을 감추는 데도 남의 눈에 쉽게 탄로 날 염려가 없기 때문에 대낮에도 시도(市都)에서 회뢰가 성행하여 소민을 할박(割剝)한다고 했을 만큼 농민을 착취했다는 기록이 보인다.[31] 이와 같은 이서들의 농민 착취는 수령이 알지 못하고 중앙정부가 억제할 수 없었기 때문에 수뢰 행위 등을 통한 그들의 농민 착취 행위는 계속 자행되었던 것으로 보인다. 실학자 이익도 동전유통은 조세 징수를 통해 백성을 해치는 자들인 지방관리들이 바라는 것이라는 점을 지적하면서 동전의 유통 보급으로 지방관리의 농민 착취 행위가 조장되고 있는 사실을 크게 우려하였다.[32]

---

30) 『승정원일기』 636, 영조 3년 윤3월 16일.

31) 『승정원일기』 636, 영조 3년 윤3월 16일.

32) 『성호사설』 상, 인사문, 전초회자.

이로써 동전이 유통 보급된 이후의 시기에는 그 이전보다 수령과 이서들의 불법 부정행위가 더욱 조장되어 직접적으로는 관기(官紀)의 문란을 가져왔고, 그들의 착취 대상이 된 영세 농민들의 생활은 한층 더 궁핍해졌다는 사실을 엿볼 수 있다.

관기의 문란은 조선왕조의 통치질서를 더욱 혼돈 속으로 몰아넣었고 농민의 궁핍화는 그들을 압박하고 있는 고리채와 함께 농민층의 몰락 내지 농촌사회의 분화를 촉진하게 되었으리라는 점을 쉽게 짐작할 수 있다. 물품화폐의 유통체제가 금속화폐의 유통체제로 전환됨으로써 가치 이전이 경편(輕便)해지고 가치 보장이 간편해졌다는 사실은 도적이 횡행하여 사회불안을 조장했을 뿐만 아니라, 관기 문란과 농민의 궁핍화 내지 농촌사회의 분화를 수반하는 지방관리의 부정부패를 조장한 원인의 하나가 되었다는 사실을 알 수 있다. 그리하여 영조나 실학자 이익 등과 같은 일부 계층에서는 지방관리들의 탐학을 조장하는 한 원인으로서 동전 통용을 들고, 동전의 유통 금지를 주장하였던 것이다.[33] 농민 착취를 비롯한 지방관리들의 부정부패가 조선후기, 특히 19세기 초부터 국가재정의 파탄과 농민층의 궁핍화 내지 몰락을 조장하여, 조선후기에 심각한 사회경제적 모순으로 제기된 삼정문란(三政紊亂) 및 반체제적 성격을 띠고 전국 각지로 파급된 농민반란 등과 밀접한 관계를 가지는 문제로 해석되고 있다. 이러한 점에서 볼 때, 지방관리의 부정부패를 조장한 화폐경제의 발달이 가지는 역사적 의미는 보다 중요시되어야 할 것이다.

---

33) 원유한, 「조선 전통사회의 화폐유통에 대한 반동의 한계성-영조의 동전통용 금지 시도의 실패를 중심으로-」, 1979.

바. 전통적 가치체계의 변질

동전의 유통 보급으로 화폐경제가 보편화되면서 다음과 같이 조선 사회의 전통적 가치체계도 크게 변질되었다.

첫째, 일반 백성의 소비 사치 성향이 급속하게 조장되었다.

동전의 유통 보급으로 화폐경제가 점점 확대 보편화됨에 따라서 화폐자본의 유동 성향은 농민을 중심으로 하는 일반 백성의 소비와 사치 풍조를 불러일으켰다. 동전 꾸러미를 차고 집을 나가서 술에 만취되어 돌아오고, 자신의 재산 정도는 생각지도 않고 분수에 넘치는 사치한 생활에 탐닉하는 풍조가 발생했다.[34] 이로써 검소와 절약을 위주로 하는 조선사회의 전통적인 생활 기풍은 쇠퇴되고 일반 백성의 경제생활은 더욱 궁핍 속에 허덕이게 되었다. 그리하여 전통적으로 일반 백성의 검소와 절약을 강조해왔던 왕조 당로자를 비롯한 지식계층으로부터 동전유통을 비판 내지 부정하는 사람이 적지 않았다.[35]

둘째, 일반 백성의 건전한 근로정신은 박약해지는 동시에 투기와 사행심은 더욱 조장되었다.

일반 백성은 불로소득이나 일확천금을 노려서 국법으로 엄격히 금지되어 있는 화폐의 사주를 꾀한다든지, 또는 도적 행위를 자행함으로써 사회불안 내지 전통사회질서의 혼란을 조장하기에 이르렀다.[36]

---

34) 『성호사설』 상, 만물물, 전초회자.

35) 『영조실록』 권11, 3년 윤3월 임신 ; 『승정원일기』 638, 영조 3년 5월 5일 ; 원유한, 「성호 이익의 부정적 화폐론—이조사회 해체과정의 일측면적 고찰—」, 1971.

36) 원유한, 「이조 숙종시대의 주전에 대하여」, 1964 ; 「18세기에 있어서의 화폐정

셋째, 전통적인 중농사상이 해이해졌다.

동전이 유통 보급됨에 따라서 농민 중 영리에 민감하고 타산에 밝은 사람들은 토지를 이탈해서 보다 많은 이윤을 보다 쉽게 얻기 위해 상업이나 고리대업에 종사하려 하였다. 이와 같은 사실을 통해서 토지에 긴박(緊縛)되어 농사에 안분(安分)하여 왔던 농민들이 조선왕조가 일찍부터 중요한 정치이념으로 표방하여 강조한 중농사상과 같은 전통적 정치이념의 규제를 벗어나서 영리성을 위주로 하여 직업을 선택하는 경향을 엿볼 수 있다. 이와 같은 사실은 전통과 관습에 얽매여 있던 농민의 보수적 가치관과 실리와 타산을 위주로 하는 진보적인 가치관으로 변질되어 가고 있다는 점을 의미하는 것으로 볼 수 있다.37)

넷째, 동전이 도시 또는 농촌 경제에 유통 보급됨에 따라서 전통적 사회 및 가정 윤리가 급격히 변질되었다.

화폐경제의 보급이 확대됨에 따라 명분과 의리, 그리고 정의(情宜)가 중요시되던 전통적인 조선사회의 순박 돈후한 인심은 날로 각박해지고, 거짓과 허위로 멍들어 갔다. 따라서 실학자 이익은 동전유통으로 인심은 날로 투박해진다고 비판했고, 농촌 지식인 이일장은 인심이 효잡(淆雜)해진다고 주장하였다. 또 영조가 동전 통용을 금지한 뒤에 인심이 맑아지고 교활하고 거짓됨이 없어질 것이라고 주장한 사실을 통해 동전유통의 부정적인 면을 짐작할 수 있을 것이다.38)

책-동전의 주조사업을 중심으로-」, 1967.

37) 원유한, 「이조 숙종시대의 주전에 대하여」, 1964 ; 「18세기에 있어서의 화폐정책-동전의 주조사업을 중심으로-」, 1967.

38) 원유한, 「성호 이익의 부정적 화폐론-이조사회 해체과정의 일측면적 고찰-」,

한편 동전의 유통 보급으로 효도와 우애를 기본으로 하는 조선사회
의 전통적인 가정 윤리가 급격히 변질되었던 것으로 보인다. 이러한
전통적 가정 윤리의 변질 현상은 화폐경제가 가족경제에 침투됨에
따라 가족 구성원 각자가 이기적 타산에 보다 민감해졌음을 보여준다.
따라서 유교 윤리에 입각한 전통적인 대가족제도하의 공동체의식이
약화되어, 조선사회의 전통적인 대가족제도의 와해 현상이 진행되고
있다고 해석될 수도 있다.

다섯째, 사회 위신을 규정하는 척도가 변화되었다.

1720년대에 이르러서는 동전의 유통이 거의 보편화하여 감옥살이
의 장단, 송사의 승패, 벼슬의 득실이 모두 거래되는 동전 액수의
다과에 달려 있었다. 또한 "여러 가지 크고 작은 일을 추진하려고
할 때도 동전을 주지 않고는 이루어지는 일이 없었다."39)고 할 만큼
동전은 일반 백성의 일상생활 속에서 원활히 통용되고 있었던 것이다.
그리고 조선후기에 동전이 제일 먼저 통용되기 시작한 개성 등 일부
지방에서는 부(富)가 곧 귀(貴)의 표준이 되었다는 기록이 보인다.40)
이와 같은 현상은 동전의 유통 보급으로 말미암아 조선사회의 전통적
인 사회 위신 척도가 문벌과 정치권력으로부터 재부(財富) 중심적인
것으로 전환이 촉진되고 있다는 사실을 의미하는 것이다. 이는 엄격히
고정된 사회 신분질서의 해체와 관련시켜서 그것의 역사적 의미를

1971 ; 「18세기 전반기 농촌유생 이일장의 화폐사상」, 1976.

39) 『승정원일기』 588, 영조 1년 3월 12일.

40) 『승정원일기』 814, 영조 11년 12월 10일.

부여해야 할 문제로 생각된다.

　여섯째, 양반층의 영리 의욕이 증진되었다.

　동전의 유통 보급으로 상품화폐 경제와 고리대자본의 성장 발전이 조장되어 일반 서민층에의 재부 축적의 가능성도 커지는 한편, 양반계급은 그들의 중요한 경제 기반인 토지로부터 수입 이외의 상리(商理)와 식리(殖利)에도 많은 관심과 의욕을 가지게 되었다. 앞에서 말했듯이 재상이나 경대부의 자제들은 동서남북을 분간하지 못하는 어린 나이에 동전을 헤아릴 줄 알았고,[41] 그들이 자라서 동전을 활용하는 것이 시장에서 장사하는 아이들과 다를 것이 없었다고 한다. 시장의 물가 시세에 무관심해야 했던 양반집 자제들이 그것에 밝지 못하면 빈축을 사게 되었고,[42] 그들이 자라서 과거 시험장에 들어가서도 능문(能文)과 명필(名筆)을 동전으로 빌리려고 하였다는 기록이 보인다.[43]

　이상의 사실을 통해서 동전이 유통 보급됨에 따라서 물욕에 초연하고 재화에 무관심해야 한다고 하는 양반집 자제들이 영리에 몰두하고 화폐의 경제적 가치와 축재에 깊은 관심을 가지게 되는 등 그들의 보수 전통적인 가치관념상에 심각한 변화가 일어나고 있음을 짐작할 수 있다. 이처럼 화폐경제의 보편화로 촉진된 양반집 자제들의 가치관의 변화 속에서 명분과 전통을 중요시하는 양반층의 보수 전통적인 가치관이 타산과 실리를 위주로 하는 실제적이며 진보적 가치관으로

---

41) 『승정원일기』 636, 영조 3년 윤3월 16일.

42) 원유한, 「성호 이익의 부정적 화폐론－이조사회 해체과정의 일측면적 고찰－」, 1971 ; 「조선후기 화폐 유통에 대한 일고찰－전황문제를 중심으로－」, 1972.

43) 『승정원일기』 636, 영조 3년 윤3월 16일.

전환되고 있는 경향을 살펴볼 수 있을 것이다.

Ⅶ. 화폐경제의 발전단계

　　물품화폐의 유통이 지배적이던 전통적인 조선사회에 금속화폐의 유통이 보편화되자, 전통사회 질서의 해체는 급진전되었다. 화폐경제의 발달은 조선사회의 전통적 생산양식과 가치체계를 급격히 변질시킴으로써 전통적인 조선사회의 해체를 촉진한 중요한 요인의 하나가 되었다. 그러므로 왜란 이후 조선후기에 있어서의 화폐경제 발전 문제는 조선사회의 해체과정, 즉 전통적인 조선사회가 근대사회로 이행하는 역사 발전과정을 구명하려 할 때 간과할 수 없는 중요한 하나의 과제가 된다.

　　전통적인 조선사회의 해체를 촉진한 주요 요인의 하나였던 조선후기에 있어서의 화폐경제 발전상을 단계적으로 이해 파악하기 위해서는 각 시기의 화폐 가치관과 화폐정책, 그리고 유통경제 면에 나타난 특징을 중심으로 하여 대개 화폐유통 보급기(17세기 초~1690년대 말), 화폐유통 보급에 대한 반동기(18세기 초~1740년대 초), 화폐경제의 확대 발전기(1740년대 초~1860년대) 및 화폐경제 혼란기(1860년대~1890년대) 의 네 시기로 나눌 수 있다. 이와 같이 조선후기의 화폐경제 발전과정을 네 시기로 구분하게 된 논리적 근거를 밝히기

184

위해서 화폐 가치관, 화폐정책 내지 유통경제 면에 나타난 각 시기의
시대적 특징을 살펴보고자 한다.

1. 화폐유통 보급기(17세기 초~1690년대 말)

조선후기 화폐경제 발전의 제1단계에 해당되는 화폐유통 보급기는
대체로 17세기 전반(全般)을 포괄하는 시기로서, 서술의 편의상 전·후
반으로 나누어보려고 한다.

화폐유통 보급 전반기는 17세기 초부터 1650년대에 이르는 시기에
해당된다. 조선왕조는 17세기 초부터 사회경제적 요청과 국가경제
재건의 필요성에 따라서 대동법을 확대 시행하는 동시에 동전을 법화
로 유통 보급시키기 위해 화폐유통 정책을 적극 추진하였다.

조선왕조가 미·포 등 물품화폐의 유통이 지배적인 전통적 조선사
회에 금속화폐인 동전을 유통 보급시키려 했던 직접·간접적인 동기로
서 대개 다음과 같은 사실을 들 수 있다.[1]

첫째, 1640년대에 이전부터 화폐 수용력이 큰 지역인 개성을 비롯
하여 강화·교동·풍단·연백 등지에서 동전이 통용되면서 왕조 당로
자들은 국내의 다른 지방에서도 동전의 유통이 가능하리라는 확신을
가지게 되었다.

둘째, 상품교환 경제의 발달로 인하여 점점 둔화된 물품화폐 기능의
한계를 극복하기 위해 금속화폐인 동전유통의 필요성은 더욱 증대되었

---

1) 원유한, 「조선시대의 화폐사 시기구분론」, 1891.

다.

셋째, 이전 시기부터 지속적이었던 화폐 통용에 대한 중국 측의 영향은 왕조 당로자를 비롯한 지식계층의 동전유통에 대한 의욕을 한층 더 증대시켰다.

넷째, 7년간의 왜란과 거듭된 한·수해로 인해 거의 파탄 지경이 된 국가경제 재건책의 일환으로써 조선왕조는 금속화폐 도입의 필요성을 느끼게 되었다.

화폐유통 보급 전반기는 명목화폐인 동전 통용의 필요성이 절실히 요청되고 있던 시기로서, 영의정까지 지냈던 실천적 실학자 김육과 실학의 대가 유형원에 의해 화폐 통용의 필요성에 대한 논리적 근거가 마련되었다.[2]

1650년대의 화폐정책을 거의 전관한 김육을 비롯한 각 계층의 대다수 사람들의 화폐가치에 대한 인식은 유형원의 다음 글에서 찾아 볼 수 있다.

전화(동전)는 나라의 재용을 돕고 백성의 생활을 넉넉히 하는 까닭인데 나라를 보유함에 있어서 반드시 통용되어야 할 것인데도 화폐가 통용되지 못함은 어찌 제도의 결함이 아니겠는가?[3]

반계가 국가재정과 국민생활 면에서 화폐가 차지하는 비중을 크게

---

2) 원유한, 「잠곡 김육의 화폐경제사상」, 1980 ; 원유한, 「실학자의 화폐경제론」, 1981.

3) 『반계수록』 8, 「전제후록고설」 하, 전화.

평가하는 태도는 당시 인물들의 화폐 가치관에서 공통적으로 제기되고 있었던 것이다.4)

조선왕조는 화폐유통의 필요성이 절실하게 느껴졌던 화폐유통 보급 전반기에는 중국 동전을 직접 수입하여 발행하고, 민간인에게 동전의 사주를 허가하였다. 그리고 왕조당국은 중앙정부의 허가를 받지 않고도 지방관청에서 동전을 주조 발행할 수 있도록 하였다. 조선왕조는 전통적으로 '화권재상'의 명분을 내세워 동전의 주조 관리 등 화폐에 대한 일체의 권한을 중앙에서 완전 장악하려 했기 때문에 동전주조 사업을 국고 전담 하에 중앙에서 집중적으로 관리 감독하는 것으로 원칙을 삼았다. 그러므로 왕조당국이 파격적으로 중국 동전을 수입하고, 민간인에게 동전의 주조를 허가하는 동시에 지방관청의 재량적인 동전주조 발행을 묵인한 것은 동전을 시험적으로 사용하는 초기 단계에 취해진 일시적인 조치로서 보아야 할 것이다. 그리고 조선왕조가 전통적인 정치이념이나 명분을 벗어나서 이상과 같은 일련의 조치를 취했던 사실을 미루어 화폐유통 보급 전반기에 왕조 당로자들의 화폐유통에 대한 의욕이 얼마나 강렬했던 것인가를 짐작할 수 있을 것이다.

그러나 왕조당국이 동전을 법화로 유통 보급시키기 위해 국가의 화폐정책에 대한 일반 백성의 불신감을 해소하고, 대소 상거래에서 동전을 교환 매개로 사용하게 하여 동전유통의 경제적 가치를 인식시켰으며, 국가의 각종 수납과 지출을 화폐화 하였고, 물품화폐의 통용을 제한하는 등 여러 가지 조치를 취했다.5) 이처럼 조선왕조는 동전을

---

4) 원유한, 「실학자의 화폐경제론」, 1981.

법화로 유통 보급시키기 위해 제반 조치를 의욕적으로 시도해 보았으나 국가의 화폐정책은 1650년대에 이르러서 다음과 같은 직접·간접적 이유로 마침내 중단되지 않을 수 없게 되었다.6)

첫째, 조선왕조 초기 이래로 광업 개발 소극화 정책을 일관되게 시행하여 화폐 원료는 거의 전적으로 일본 동의 수입에 의존하였다. 그러나 일본 동의 수입량에 한계가 있어서 화폐 원료의 공급난은 만성적이었으므로 필요한 화폐 수요량을 충분히 주조 발행할 수 없었다.

둘째, 물품화폐 유통이 일반적이었던 그 당시 사회경제 발전이 상공업계의 새로운 발전적 경향과 개성 등지의 교환경제 발달로 인하여 화폐유통의 가능성이 컸다고 하지만, 국내의 다른 지방까지 급격하게 화폐유통 지역으로 전환시킬 만큼 성숙되었던 것은 아니다.

셋째, 조선사회에 화폐경제가 보급되자 농촌사회의 분화 및 상공업의 발달이 급격하게 증진되었다. 이는 토지 중심적인 양반층의 경제 기반이 위태롭게 되고, 양반계급이 금기시하는 일반 서민층의 재부 축적 가능성은 그만큼 커지는 것이다. 대체로 지배계급 중심으로 사회 가치판단이 이루어지던 당시에 토지에 경제 기반을 둔 양반층은 동전 유통을 달갑게 생각하지 않았던 것으로 보인다.

넷째, 화폐유통 보급 전반기에 있어서의 화폐정책은 시행 과정에서 보인 왕조 당로자들의 지나친 의욕과 당시 사회의 화폐 수용력과의 격차를 합리적으로 극복하지 못한 채 급진적으로 추진되었다.

5) 원유한, 「조선후기 금속화폐 유통정책—17세기 전반의 동전유통 시도기를 중심으로—」, 1972.
6) 원유한, 「조선시대의 화폐사 시기구분론」, 1891.

다섯째, 위에 열거한 사실 이외에 화폐유통 보급 전반기의 화폐정책이 실패하게 된 이유로서 정묘·병자호란, 그리고 왕조 당로자들의 당파적 대결 의식 등을 들 수 있다.

조선왕조가 화폐유통 보급 전반기에 적극 추진한 화폐정책은 1650년대에 중단되고 말았다. 그러나 이후에도 개성을 중심으로 한 인근 지방과 의주·안주·평양 등 평안도 일부 지방에서는 국가 화폐정책의 중단과는 관계없이 동전이 계속 통용되고 있었다. 1670년대에 와서 왕조당국이 동전을 다시 법화로 유통하기 전의 국내 일반 유통계는 미·포 등 물품화폐와 칭량은화가 지배하고 있었다. 따라서 화폐유통 보급 전반기의 화폐정책이 1650년대에 중단되었다고는 하지만, 다음의 내용을 통해 볼 때 조선후기의 화폐경제 발전 과정에서 가지는 의미는 결코 적지 않았다.

첫째, 개성을 비롯한 그 인근 지방과 평안도의 일부 지방에서는 국가의 화폐정책이 중단된 1650년대 이후에도 동전이 통용되고 있었다. 특히 개성 지방을 중심으로 발달한 화폐경제적 속성은 그 활동 반경이 큰 송상(松商)을 통해 국내 각지에 파급되었을 것이다. 그리고 일찍이 왕조당국이 해주·수원·안동·대구 등 비교적 상업이 발달하고 인구가 번성했던 소위 도회지에 동전유통을 시도한 사실은 각 지방의 화폐 수용력을 증진시켰으리라는 점도 짐작할 수 있다.

둘째, 화폐유통 보급 전반기의 화폐정책 시행 과정에 직접·간접적으로 참여한 왕조 당로자들은 화폐유통 문제에 대해 보다 차원 높은 경륜을 쌓을 수 있었고, 이는 화폐유통 보급 후반기인 1670년대에 다시 시행된 화폐유통 정책을 보다 성공적으로 이끌어나가는 데 활용되었다. 그 대표적인 사례로서 당시 영의정 허적은 화폐유통 보급 전반기의 화폐정책 시행 과정에 참여하여 경륜을 쌓았고, 이를 활용하여 1678년(숙종 4)에 동전(상평통보) 유통을 제의하여 실시하게 한 주도적 인물이 되었다.

셋째, 일반 백성의 화폐가치에 대한 인식이 심화되어, 동전이 당시 일반 유통계를 지배하고 있던 미·포 등 물품화폐나 칭량은화보다 편리하고 이상적인 화폐라는 생각이 확산되었다.

넷째, 화폐유통 보급 전반기에 활약한 실천적 실학자로 볼 수 있는 대정치가 김육이 적극 추진한 화폐정책은 하나의 역사적 선례로서 그 이후의 화폐정책 시행 과정에서 참고 활용되었다. 그리고 같은 시기의 실학자 유형원이 체계화한 화폐정책론도 앞에서 지적했듯이 뒷날에 왕조당국이 화폐정책을 입안하는 데 있어서 이론적 근거를 제시하여 주었다.

뿐만 아니라 화폐유통 보급 후반기에는 전반기에서 물려받은 발전적 요인 이외에 대동법 실시로 인한 상공업의 발달, 인구의 증가로 인한 생산력의 증가, 북벌 군사비의 감소 등의 이유로 화폐 수용력이 증진되고 있었다.[7]

조선왕조는 1670년대에 화폐유통 보급 후반기의 화폐정책 시행에 착수하였다. 왕조당국은 동전을 법화로서 채택하여 유통 보급시킬 것을 결정하고, 각 중앙관청·지방관청 및 군영으로 하여금 동전을

---

7) 원유한, 「조선시대의 화폐사 시기구분론」, 1891.

주조 발행하게 하였다.

1678년(숙종 4)에 동전을 법화로 유통 보급시키기 시작한 이후 동전의 유통은 국내 전역으로 점점 확대 보급되고, 화폐유통의 경제적 가치에 대한 인식은 심화되었다. 이로써 명목화폐로서의 동전은 미・포 등 물품화폐 및 칭량은화의 유통이 지배적이던 일반 유통계에서 교환 매개, 가치 척도, 지불수단 및 가치 저장수단 등 제반 화폐기능을 발휘할 수 있게 되었다.8)

화폐유통 보급 후반기에 동전이 일반 유통계에서 제반 화폐 기능을 발휘할 수 있게 되자, 조선왕조는 국가의 응급한 재정 수요에 충당하기 위해서 중앙과 지방의 각 관청 및 군영에서 동전을 남발하게 되었다. 이처럼 동전주조 사업을 국가의 응급한 재정 수요에 대응할 수 있는 재원 확보 수단으로 간주하여 각 기관에서는 수시로 동전을 남발하고, 또한 이를 계기로 한 민간인들의 동전 사주 행위마저 성행되어 당시의 일반 유통계에서는 통화량 과다로 인해 동전의 유통가치가 폭락하게 되었다. 그리하여 화폐유통 보급 후반기에 있어서의 화폐정책은 종래의 화폐유통 보급 우선주의에서 통화량을 조절하여 동전의 유통가치를 안정시키는 방향으로 방침을 전환시키게 되었다. 왕조당국은 통화량 과다로 일반 유통계에 나타난 모순과 유통질서의 혼란을 극복하고 화폐가치를 안정시키기 위해 각 관청과 군영의 동전주조 발행을 억제하였다. 또한 민간인의 동전 사주 행위를 엄격히 통제하고 징세 과정에서 동전 수납을 기피하는 행위를 규제하였다. 그리고 왕조당국은 보다

---

8) 원유한, 「조선후기 금속화폐 유통정책-17세기 전반의 동전유통 시도기를 중심으로-」, 1972 ; 「조선시대의 화폐사 시기구분론」, 1891.

적극적인 방법으로서 관청에서 보유하고 있는 포를 방출하여 일반 유통계로부터 동전을 환수함으로써 통화량 과다의 모순과 혼란을 극복하고 화폐가치의 안정을 기하려고까지 하였다.

화폐유통 보급 후반기에 왕조 당로자들은 동전이 법화로서 계속 유통 보급될 수 있다는 확신을 가지게 되자, 중앙집권적 조선왕조가 전통적으로 강조해 온 바 있는 '화권재상'의 명분에 따라서 동전주조 사업을 중앙에서 집중적으로 관리 감독하려 하였다. 이와 같은 동전주조 사업 관리의 중앙집중화 시도와 함께 동전의 품질과 체재 및 주조량에 대해 종래보다 철저한 통제를 가하려는 경향도 나타났다. 이러한 화폐정책 운용 방침의 변질 경향은 당시의 왕조 당로자들이 "동전은 이미 법화로서의 유통 기반을 설정했다"는 사실을 확신하고, 보다 합리적이고 안정된 다음 단계의 화폐정책으로의 전환을 모색하는 과정에서 나타나는 현상으로 이해되어야 할 것이다. 특히 화폐유통 보급 후반기에 있어서 다량의 일본 동이 수입되어 화폐 원료에 충당될 수 있었다는 것이 그 시기에 동전이 법화로서 유통 기반을 설정하는 데 중요한 요건이 되었다는 사실을 간과할 수 없을 것이다.

2. 화폐유통에 대한 반동기(18세기 초~1740년대 초)

화폐유통 보급 전반기에는 개성을 중심으로 한 인근 지방과 평안도 일부 지역에서 동전이 통용될 수 있게 되었다. 그리고 그 후반기에는 동전이 다시 법화로서 유통 보급되기 시작하여 화폐유통의 경제적

192

가치에 대한 인식이 심화되고, 유통 영역은 점점 국내 전역으로 확대되었다. 명목화폐인 동전이 유통 보급됨으로써 화폐경제가 확대, 보편화되자 미·포 등 물품화폐와 칭량은화의 유통이 지배하던 전통적인 조선사회의 해체는 다음과 같이 급진전되었다.9)

첫째, 상품화폐 경제가 농촌에 침투되자 농민들의 영리 감각이 발달되면서, 상업에 종사하여 보다 많은 이익을 취하기 위해 토지를 이탈하는 농민이 증가되었다. 이로써 농업생산의 위축으로 국고 수입의 감축이 크게 우려되었다.

둘째, 화폐경제의 보급 발전으로 부상대고 및 일부 관청의 고리대 행위가 조장되어 고리대자본이 급격히 성장되었다.

셋째, 동전유통 이후 화폐경제가 점진적으로 발달하게 되자, 일반 백성의 전통적 생활 기풍은 퇴락되는 반면 소비 사치 성향은 조장되어 생활의 궁핍화를 부채질하였다.

넷째, 화폐경제가 발전됨에 따라서 일반 백성의 투기와 사행심은 조장되는 반면, 건전한 근로정신은 박약해져서, 그들은 불로소득이나 일확천금을 꿈꾸고 도적 행위나 화폐의 불법 주조와 같은 범법 행위를 자행하였다.

다섯째, 동전이 유통 보급됨으로써 가치 이전이 용이하고 가치 저장이 간편해졌다. 이로써 지방관리의 부정부패와 농민 착취가 조장되고, 대집단화한 도적들의 약탈행위는 횡행하였다. 이는 조선사회의 혼란과 불안을 한층 더 심화시켰다.

9) 원유한, 「조선후기 금속화폐 유통정책-17세기 전반의 동전유통 시도기를 중심으로-」, 1972 ;「조선시대의 화폐사 시기구분론」, 1981.

　여섯째, 화폐경제의 보급 발전으로 조선사회의 전통적 사회 윤리가 타락했을 뿐만 아니라 부자와 형제 관계를 유지하는 것이 어렵게 되었다고 할 만큼, 조선사회의 전통적 가정 윤리 역시 급격히 변질되고 있었다.

　일곱째, 화폐경제의 발달로 전통적인 조선시대의 사회 위신 척도가 문벌이나 정치권력으로부터 재부 중심적인 것으로 급격히 전환되고 있었다.

　이처럼 물품화폐의 유통이 지배적이던 조선사회에 동전이 유통 보급됨에 따라서 전통적 생산양식과 가치체계의 변질은 촉진되었다. 화폐유통 보급에 대한 반동기에는 전통사회 질서의 해체가 촉진되고 있었기 때문에, 이 시기에는 동전유통을 비판 내지 부정하는 화폐 가치관이 지배적이었다. 화폐유통 보급에 대한 반동기에 있어서의 지배적인 화폐 가치관의 대표적 사례로서 실학자 이익의 화폐 가치관을 들 수 있을 것이다.[10] 그는 상품유통 매개로서의 화폐인 동전의 기능 내지 가치를 원칙적으로는 인정하고 있다. 그러나 그는 국토가 좁아서 재화의 운송에 어려움이 없고, 또한 밭 갈아먹고 길쌈해서 입고 사는 자급자족적인 농경사회에서는 상품유통 매개로서 화폐가 필요하지 않다고 주장하였다.[11] 그는 당시의 사회경제적 여건 하에서 동전의 유통은 백해무익하며 그 폐해를 일일이 지적할 수 없다고 말하면서, 동전유통을 금지하고 종래의 물품화폐 유통체제로 복귀할 것을

　10) 원유한,「성호 이익의 상업제한론」, 1988.
　11)『성호사설유선』4하, 전해 ; 원유한,「실학자의 화폐경제론」, 1981.

194

적극 주장하였다.12) 왕조 당로자들 중에서도 동전유통을 금지하자는 주장을 내세우는 사람이 적지 않았는데, 그 대표적인 인물로서는 영조를 들 수 있을 것이다.13)

1724년에 즉위한 영조는 전통 질서에의 복귀 내지 현상을 유지하려는 방향으로 정책을 추진하였다. 따라서 영조는 화폐경제의 보급으로 인해 전통사회 질서의 해체가 촉진되고 있는 당시 사회 현실을 결코 간과할 수 없었다. 그는 양역문제와 함께 화폐정책 면에도 일대 개혁의 단안을 내려야 할 시기임을 절실히 느꼈다. 영조는 이와 같은 화폐제도 개혁의 필요성에 의해 1697년(숙종 23)이래 한 번도 주조 발행된 일이 없는 동전을 계속 증발하지 않을 방침을 굳혔다. 그리고 동전통용 금지를 위한 예비적인 조치로서 동전의 유통 범위를 사경제 면에만 국한시키는 한편, 동전에 대신해서 저화나 상목을 법화로 채택, 통용하려 하는 등 적극적으로 동전통용을 금지시키기 위한 일련의 조치를 취했다.14) 그러나 화폐유통 보급에 대한 반동기에 영조를 비롯한 왕조 당로자들이 동전의 통용 금지를 목적으로 한 화폐정책 방침도 1742년(영조 18)에 동전을 다시 본격적으로 주조 발행하게 함으로써 방향을 전환시키지 않을 수 없었다. 당시 왕조당국이 통용 금지하려던 동전을 계속 주조 발행하지 않을 수 없었던 이유로서 대개 다음과 같은 점을

12) 원유한, 「실학자의 화폐경제론」, 1981.
13) 원유한, 「조선 전통사회의 화폐유통에 대한 반동의 한계성-영조의 동전통용 금지 시도의 실패를 중심으로-」, 1979.
14) 원유한, 「18세기에 있어서의 화폐정책-동전의 주조사업을 중심으로」, 1967 ;「전통 조선사회 해체과정에 대한 일고찰-금속화폐 유통문제를 중심으로-」, 1973.

들 수 있을 것이다.15)

첫째, 18세기에 접어들어 생산 분야 전반에 걸쳐서 일어난 발전적 변화와 상호 보완관계를 가지면서 동전은 국내 전역으로 확대 보급되고 화폐유통의 경제적 가치에 대한 인식은 보다 깊어졌다.

둘째, 왕조당국의 동전유통에 대한 부정적인 정책적 고려와 동전 원료의 공급난 등 재력의 부족으로 동전은 주조 발행되지 못한 채, 유통만 계속됨으로써 일반 유통계에 일어난 전황으로 인한 사회경제적 폐단이 심화되자 이를 극복하기 위하여 동전을 주조하지 않을 수 없었다.

셋째, 한·수해로 인한 국가재정 궁핍의 보완과 구호비 조달의 응급성에 비추어 가장 짧은 기일 안에 최다량의 재화를 마련할 수 있는 길은 당시의 전통적인 생산구조상으로 보아서 오로지 동전주조 사업의 임시적 수익을 취하는 것으로만 가능했던 것이다.

넷째, 조선시대를 일관하는 보수 전통적 사회 가치관념은 왕조 당로자들로 하여금 동전통용을 금지하고 새로운 화폐 채용과 같은 화폐제 개혁을 주저하게 하였다. 이것이 화폐유통 보급에 대한 반동기에 동전통용 금지를 전제로 한 화폐제의 개혁 시도가 좌절하게 된 이유의 하나가 되었던 것이다.

다섯째, 화폐유통 보급에 대한 반동기의 사회경제 발전은 화폐유통 자체를 부인할 수 없는 단계에 이르렀다. 그러므로 동전통용을 금지할 경우를 대신하여 다른 화폐를 사용하지 않을 수 없는 형편이었으나,

---

15) 원유한, 「조선 전통사회의 화폐유통에 대한 반동의 한계성—영조의 동전통용 금지 시도의 실패를 중심으로—」, 1979.

이를 대체할 화폐는 개발되지 못하였다.

　이상에서 살펴본 몇 가지 이유로서 18세기 초부터 1740년대 초에
이르는 시기인 화폐유통 보급에 대한 반동기에 동전통용을 금지하고
화폐제를 개혁하려던 시도는 마침내 좌절되고 말았다. 이와 같은 사실
은 전통적인 생산양식이나 가치체계가 급격히 변질되는 등 근대를
향한 조선사회의 자체 지향을 국왕의 정책 의욕만으로는 억제할 수
없게 되었다는 사실을 반증하는 것으로서 전통사회의 주목할 만한
발전적 현상으로 이해되어야 할 것이다. 이와 같은 사실은 급격한
전통사회의 해체를 수반하는 화폐경제의 발달이 전통적인 조선사회의
보수적 반동을 극복했다는 사실을 의미하는 것으로 볼 수 있는 것이다.
그러나 화폐유통 보급에 대한 전통사회의 반동이 당시의 자연스러운
화폐경제의 발달 추세를 둔화시켰던 것만은 분명하다.16)

3. 화폐경제 확대 발전기(1740년대~1860년대)

　140여 년간에 걸치는 화폐경제의 확대 발전기에 있어서 대체로
화폐경제가 확대 발전되고 있었다는 점에서는 공통성을 가지지만,
시대성격상으로 보아서는 대개 이 시기를 전·후반기로 나눌 수 있을
것 같다. 그 전반기는 1740년대 초부터 1860년대에 걸치는 시기로서,
대개 영·정조 조를 포괄하는 시기에 해당된다. 화폐경제의 확대 발전

---

16) 원유한, 「18세기에 있어서의 화폐정책-동전의 주조사업을 중심으로」, 1967
　；「전통 조선사회 해체과정에 대한 일고찰-금속화폐 유통문제를 중심으로
　-」, 1973 ；「조선시대의 화폐사 시기구분론」, 1981.

전반기에는 대체로 왕권이 강화되고, 강화된 왕권을 배경으로 하여 왕조당국의 정치적 의욕이 비교적 잘 실현될 수 있었다. 그리고 이 시기에는 상공업이 발달하고 농업과 광업 경영 면에서도 새로운 발전적 경향이 나타나는 등 조선사회의 전통적 생산양식상에 주목할 만한 발전적 변화가 일어났으며, 실용·실증적 학문 내지 사상적 경향으로서 실학이 전성을 이루었다.

화폐경제의 확대 발전 전반기에 보이는 이 같은 시대적 특수성은 동 시기의 화폐정책 내지 화폐경제 발전 과정에서도 나타나고 있다. 이 시기의 화폐정책 시행 면에서 특기할 만한 점으로서는 동전주조 사업을 철저하고 합리적으로 관리 감독하려 했다는 사실을 들 수 있을 것이다. 동전의 품질과 체재를 엄격히 통일하여 규제하고 동전의 주조량을 철저히 통제하는 한편, 화폐의 불법 주조 행위를 무거운 벌로 다스렸다. 그리고 전통적으로 조선왕조가 강조하여 왔던 '화권재상'의 명분에 따라서 동전주조 사업의 관리체계를 획일화하려 하였다. 그리하여 정조조에는 국가의 동전주조 사업을 마침내 호조에서 전관하기에 이르렀다. 실학자 정약용은 이상과 같이 동전주조 사업 관리체계의 획일화가 절실히 요청되는 시대를 배경으로 하여 상설 조폐기관으로서 '전환서(典圜署)'를 설치 운용하는 방안을 제시하였다.[17]

화폐경제의 확대 발전 전반기의 화폐정책 시행 면에서 시급히 해결해야 할 당면 과제는 화폐의 유통구조를 개선하는 문제였다. 이 문제 해결의 관건은 화폐유통 보급에 대한 반동기로부터 일반 유통계에

---

17) 원유한, 「다산 정약용의 발전적 화폐론」, 1971 ; 「조선시대의 화폐사 시기구분론」, 1981.

만연된 화폐 유통량의 부족 현상인 전황을 해소시키는 데 있었다. 화폐유통 보급에 대한 반동기 이래로 일반 유통계에 전황이 일어나게 된 원인으로서 대개 다음과 같은 몇 가지 사실을 들 수 있을 것이다.[18]

첫째, 전통사회 질서의 해체를 촉진하는 화폐유통에 대한 왕조 당로자들의 의도적인 반동이 화폐경제의 원활한 발전을 저해하는 전황의 중요한 원인이 되었다.

둘째, 화폐 원료의 공급난으로 말미암아 화폐경제가 확대 보급됨에 따라 증가되는 동전 수요량을 충분히 주조 발행할 수 없었고, 이로써 일반 유통계에서의 전황은 한층 더 심각해졌다.

셋째, 국내의 유통계에서 동전과 함께 통화 기능의 일익을 담당하던 은(銀)의 유통량이 은광 개발 부진 및 중국으로의 유출로 감소되어 동전의 유통 영역을 확대시키는 결과를 가져왔다. 이로써 국내 유통계에 나타난 은의 수량 감소로 말미암아 전황은 더욱 조장되었던 것이다.

넷째, 부상대고의 고리대 목적과 국가기관의 재화 비축을 위한 다량의 동전 퇴장은 왕조당국이 주조 발행한 상당량의 동전이 화폐 기능을 발휘할 수 없게 함으로써 전황은 한층 더 조장되었다.

이러한 사실들이 직접·간접적인 원인이 되어서 일반 유통계에 일어난 전황의 부정적 영향, 즉 당시의 보수 전통적인 가치관에서 본 사회경제적인 폐단을 당시의 각 계층 인사들의 견해와 주장을 통해서 다음과 같이 대강 짐작할 수 있을 것 같다.[19]

---

18) 원유한, 「조선후기 화폐정책에 대한 일고찰-전황문제를 중심으로-」, 1971.

19) 원유한, 「조선 전통사회의 화폐유통에 대한 반동의 한계성-영조의 동전통용 금지 시도의 실패를 중심으로-」, 1979 ; 「조선시대의 화폐사 시기구분론」,

첫째, 1724년 왕위에 오른 영조는 즉위 초부터 동전의 유통 보급 내지 전황의 영향을 심각한 사회경제적 폐단으로 생각하고 동전통용을 금지하려 하는 등 일련의 강경한 조치를 취하기에 이르렀다.

둘째, 우의정 홍치중은 "지금 서울과 지방의 민산(民産)이 고갈되고 민력(民力)이 점차 궁핍해져서 거의 지탱할 수 없게 된 것은 오로지 동전이 날로 귀해지기 때문이다."라고 하였다.

셋째, 실학자 정상기는 "근년에 이르러서 동전이 매우 귀하고 물건이 천하여 농민과 상인이 다 같이 곤핍(困乏)해짐으로써 사람들이 능히 견딜 수가 없다."고 하였다.

넷째, 농촌 지식인 이일장은 농촌에서 생장하고 거기에서 늙어가기 때문에 농촌사회의 실정을 체험적으로 잘 이해하고 있다는 점을 강조하면서 "식화(食貨)가 곤핍하고 민생이 곤궁하게 되는 근본적인 원인은 동전의 가치가 아주 귀해지는 데 있다."고 주장하였다.

당시 각 계층 인사들이 심각한 사회경제적 폐단으로 생각한 전황을 해소시키는 문제는 화폐경제의 확대 발전 전반기에 있어서 화폐유통 구조 개선을 위해 극복해야 할 당면 과제였다. 당시 왕조 당로자들이 전황을 해소시키기 위해 여러 가지 방안을 모색하였지만, 그 중에서 가장 합리적이고 실제적인 방법은 왕조당국이 다량의 동전을 계속 주조 발행하는 것이었다. 그러나 조선왕조는 화폐 원료의 주요 공급처였던 일본으로부터의 동 수입 실적이 부진하였기 때문에 동전을 계속 주조 발행할 수 없었다. 이에 왕조당국은 동전 원료의 공급난을 극복하

1981.

기 위한 보다 적극적인 방법으로써 동광의 채굴을 시도하여 보았다. 그러나 국내 동광의 개발 실적도 다음의 이유로 인해 활발하지 못하였다.[20]

첫째, 왕조 당로자들이 전통적인 광업 개발 소극화 정책을 고수하려는 일반적 경향은 당시의 국내 동광 개발을 제약했던 것으로 보인다.

둘째, 일본 동의 수입 가능성은 왕조 당로자들의 동광 개발 의욕을 저해하였다.

셋째, 동광을 개발하자 그 지역에 사리(射利)를 노리는 무뢰한들이 모여 들어서 사기 절도가 횡행하고 사치 풍조를 조장하는 동시에 상리(商利)를 취하기 위해 농사를 경시하는 풍조가 일어났다는 것이다.

넷째, 당시의 왕조당국은 동광 개발과 징세 과정을 합리적이고 철저하게 감독할 수 없었기 때문에 동광을 개발해도 실질적으로 수지 타산이 맞지 않았다.

다섯째, 당시 국내의 동광 채굴 내지 취련(吹鍊) 기술의 미숙성은 동광 개발을 제약한 직접적이고 중요한 원인이 되었던 것으로 보인다.

이와 같은 사실로 인하여 왕조당국이 화폐 원료의 공급을 위해 시도한 동광 개발의 실적은 부진하였다. 이에 조선왕조 당로자나 지식 계층에서는 화폐 원료난을 극복하기 위한 소극적이고 미봉적인 조치로써, 동전과 원료를 달리하는 은화·저화·철전을 사용하고, 중국 동전을 염가로 수입 유통하려 했음은 물론, 한정된 원료를 가지고 보다 많은 유통가치를 조성하기 위해 각종의 고액전을 주조 유통시키자는

---

20) 원유한, 「조선후기의 동광연구―동광개발정책을 중심으로」, 1983.

사람이 적지 않았다.21)

그러나 조선왕조가 화폐 원료난을 소극적인 방법으로 해소시키면서 전황을 극복함으로써 화폐유통 구조를 개선하려는 시도는 실현될 수 없었다. 은화 등의 고액전은 당시 사회에 통용될 화폐로서 적합하지 않았던 결함이 있었으며, 개혁을 꺼리는 보수 전통적 가치관념을 가진 계층에서는 화폐제도 개혁과 같은 혁신적인 조치를 쉽게 받아들이지 않았기 때문이다.22)

화폐경제의 확대 발전 전반기에는 화폐 원료난을 극복하려는 조치가 점진적이고 신중하게 취해지고 있었다. 왕조당국은 2전 5푼으로 규정되어 있는 동전 1문의 무게를 점차 경감시킴으로써 마침내 절반 이하로 줄인 사실이 있다. 이처럼 동전의 무게를 점차 줄이는 방법으로써 심각했던 화폐 원료난을 근본적으로 해소할 수는 없었을 것이나, 개혁을 꺼리는 보수 전통적 가치관념이 지배하는 당시 사회 여건 하에서 볼 때 그 같은 방법은 합리적이고 실제적인 것이었다. 더구나 화폐의 가치를 실용성에서 찾는 화폐 가치관이 지배적이었던 당시 사회에서 실용가치가 절반 이하로 줄어든 화폐가 계속 통용되고 있었다는 사실은 화폐경제 발전 과정에서 볼 때 중요한 의미를 가지는 것이다. 그것은 소재가치 중심의 전근대적 화폐 가치관이 명목가치 중심의 근대적

---

21) 원유한, 「조선후기 화폐정책에 대한 일고찰－고액전의 주용논의를 중심으로－」, 1971 ; 「실학자의 화폐경제론」, 1981.

22) 원유한, 「18세기에 있어서의 화폐정책－동전의 주조사업을 중심으로－」, 1967 ; 「조선후기 화폐정책에 대한 일고찰－고액전의 주용논의를 중심으로－」, 1971 ; 「실학자의 화폐경제론」, 1981.

화폐 가치관으로 전환하는 데 있어 주목할 만한 발전적 현상으로서
이해될 수 있기 때문이다.23)

화폐경제 확대 발전 전반기의 화폐정책 시행 면에서 제기되는 당면
과제는 화폐유통 구조를 개선하는 문제였고, 문제 해결의 관건은 당시
일반 유통계에 만연된 전황을 해소시키는 데 있다고 하였다. 그런데
왕조당국은 전황의 중요한 원인이 되는 화폐 원료의 공급난을 근본적
으로 극복하지 못함으로써 화폐경제의 원활한 발전을 저해하는 전황을
크게 해소시킬 수는 없었다. 그러나 왕조당국은 동전의 무게를 점차
줄이는 등 소극적인 방법을 통해 화폐 원료난을 어느 정도 극복하면서
수시로 동전을 주조 발행함으로써 일반 유통계에서는 전황이 지속되는
상황하에서도 그 추세가 둔화되기는 했으나, 화폐경제는 계속 확대
발전되고 있었던 것이다.24)

화폐경제의 확대 발전 후반기(19세기 초~1860년대)부터는 조선사
회의 정치적 부패, 경제적 파탄, 사회·사상적 불안과 동요는 더욱
두드러지게 나타나기 시작하였다. 또한 서세동점 추세에 따른 자본주
의 제국의 침략과 위협까지 겹쳐서 조선사회는 대내외적으로 큰 어려
움에 직면하게 되었다. 이러한 시대를 배경으로 한 화폐경제의 확대
발전 후반기에는 화폐정책 시행 내지 유통경제 면에 여러 가지 주목되
는 변화가 일어났다.25)

---

23) 원유한, 「18세기에 있어서의 화폐정책-동전의 주조사업을 중심으로-」,
  1967.
24) 원유한, 「조선후기 화폐정책에 대한 일고찰-전황 문제를 중심으로-」, 1972.
25) 원유한, 「전통 조선사회 해체과정에 대한 일고찰-금속화폐 유통문제를 중심

첫째, 종래까지 준수되어 오던 동전주조 사업의 관리 질서가 19세기 초부터 문란해지기 시작하였다. 다량의 동전주조와 수익을 올리기 위하여 호조 외에 각 기관과 민간인에게까지 동전주조를 도급해 줌으로써, 전통적 정치이념이나 명분보다 실리를 취하는 방향으로 변질되었다.

둘째, 전통적으로 광업 개발을 제한했던 통제력이 상당히 완화되어 국내의 유수한 갑산동광의 개발이 적극 시도되었으며, 일본 동의 수입량도 증가되어서 이 시기에는 거의 만성적이었던 화폐 원료난이 상당히 해소되었던 것으로 보인다.

셋째, 이 시기에는 민간인의 참여하에 다량의 동전이 주조 발행될 수 있었다. 동전주조 사업의 수익으로 궁핍한 국가재정의 보완 및 전황의 극복도 가능해졌다.

화폐경제의 확대 발전 후반기에는 세도정치, 농민반란, 삼정문란 등 제반 국가질서가 혼란했다는 이유를 들어서 그 시대의 역사를 부정적으로 평가하게 된다. 그러나 이 시기에는 매장량이나 품질 면에서 국내의 유수한 갑산동광이 개발되어 화폐 원료난이 상당히 해소되고, 기록에 나타난 것만도 5백여 만냥에 달하는 다량의 동전이 주조 발행되어 종래까지 원활한 화폐경제 발전을 저해한 전황도 어느 정도 극복되었던 것이다. 그러므로 화폐경제의 확대 발전 후반기에는 왕권이 강화되고 국가질서가 비교적 안정되었다고 보는 영·정조 시대보다 화폐경제가 더욱 활기 있게 확대 발전될 수 있었던 것이다. 왕조당국은 1862년

으로-」, 1973 ;「조선시대 화폐사 시기구분론」, 1981 ;「오주 이규경의 화폐경제론」, 1991.

(철종 13)에 국가의 중요한 재원인 전조(田租)의 전면적인 금납화를 시도하게 되었던 것인데, 이 같은 시도는 화폐경제의 확대 발전 후반기에 더욱 활발해진 화폐경제 발전 추세에 힘입은 바가 적지 않았을 것으로 짐작된다.

4. 화폐경제의 혼란기(1860년대~1890년대)

한국 화폐사 발전과정에서 볼 때, 화폐경제의 혼란기는 엄격히 말해서 '근대 화폐제도 수용기(19세기 60년대~20세기 초)'에 포괄되는 것이다. 그러나 화폐경제의 혼란기는 악화 당백전을 주조 유통하기 시작한 1866년(고종 3)부터 당일전·당백전·당오전 등 상평통보 유통 체제인 전통 화폐의 증발을 중단하고 근대적 은본위제도가 도입 실시된 1894년(고종 31)에 이르는 시기다. 이로써 당백전 악주 남발로 발단된 화폐경제 혼란기에 대한 고찰을 통해서 자본주의 맹아 발생을 증진시켰던 상평통보류의 전통 화폐제도의 역사적 한계와 근대 화폐제도 수용의 배경을 이해하는 데 도움이 될 것이다.

조선왕조가 국내외로 큰 어려움에 직면한 1860년대 초에 집권한 흥선대원군(興宣大院君)은 왕권을 강화하는 등 조선왕조의 전통적인 중앙집권적 통치체제를 재확립하기 위해서 서정(庶政)개혁에 과감했고, 밖으로는 통상수교 거부정책을 적극 추진하였다. 그리하여 대원군 집권기에 있어서의 제반 국가정책 성향은 대체로 과단성 있고, 혁신적이었다는 점으로도 특징지울 수 있을 것이다. 이러한 정책 성향의

특수성은 대원군 집권 10년간의 화폐정책 시행 면에도 반영되었던 것으로 보인다.

대원군은 집권 초기부터 함경도 감영에서 설행되고 있던 동전주조 사업을 철폐하는 동시에 화폐 원료를 공급하던 갑산동광도 폐쇄하는 등 화폐경제의 확대 발전 후반기의 화폐정책을 철저히 부정하는 과감한 조치를 취했다. 대원군이 화폐정책을 시행함에 있어 그처럼 강경한 조치를 취한 것은 왕권 강화를 비롯해서 중앙집권적 통치체제를 확립하려던, 그가 취할 수 있는 당연한 조치였던 것으로 보인다. 뒤이어 그는 1866년(고종 3)에 악화의 상징처럼 알려진 당백전을 주조 유통하는 과감하고 파격적인 조치를 취하였다.

고액전의 주조 유통 문제는 화폐경제의 확대 발전 전반기에 10여 차례나 제기 논의되었으나 실현되지 못하고 말았다. 고액전의 주조 유통 문제는 화폐경제의 확대 발전 후반기에는 제기되지도 않다가, 대원군 집권 초기인 화폐경제 혼란기 초, 즉 '근대 화폐제도 수용기' 초에 마침내 당백전을 주조 유통하기에 이르렀던 것이다. 이처럼 대원군 집권기에 파격적으로 악화 당백전의 주조 유통 문제를 결정 시행하게 된 동기가 된 당시의 시대적 특수성으로서는 대개 다음과 같은 몇 가지 사실을 들 수 있을 것이다.

첫째, 대원군이 집권 초에 갑산동광을 패쇄시킴으로써 화폐 원료난은 한층 더 심각해졌다. 왕조당국은 한정된 원료를 가지고 보다 많은 유통가치를 조성하기 위해서 명목가치를 파격적으로 높인 당백전을 주조 발행하게 되었다.

둘째, 대원군은 집권 초부터 왕권을 강화하는 등 전통적인 중앙집권 체제를 재확립하는 데 제반 정책 목표를 귀일시켰다. 그리하여 그는 왕권 강화의 일환책으로서 왕의 권위와 왕실의 위엄을 높이기 위해 경복궁 중건사업에 착수했고, 거기에 소요되는 막대한 경비를 충당하기 위해 당백전을 주조 유통하게 되었다.

셋째, 대원군은 집권 초부터 외세의 침략을 막고 국가를 보위하기 위해 군대를 증원하며 군비를 확장하는 등 국방정책을 적극 강화하였다. 이처럼 강화된 국방정책의 수행에 필요한 거액의 군사비를 조달하기 위해 당백전을 주조 유통하게 되었다.

넷째, 부패한 세도정치 하에 삼정문란으로 국가재정은 고갈되고 지방관리의 착취 대상이 된 농민층은 궁핍에서 허덕이게 되었다. 이에 왕조당국은 응급한 재원 포착을 위한 비상대책으로서 당백전을 주조 유통하게 되었다.

다섯째, 일찍부터 중국에서는 고액전을 주조 유통한 역사적 사실이 있었고, 또한 청은 1850년대부터 각종 고액전의 주조 유통을 시도하였다. 이러한 사실은 왕조 당로자들로 하여금 국내에서도 고액전의 사용이 가능하리라는 신념을 가지게 하였고, 이와 같은 신념은 당백전을 주조 유통케 한 심리적 동기가 된 것으로 보인다.

여섯째, 대원군이 집권 초부터 국가정책 결정이나 집행 과정에서 보인 그 특유의 과단성은 당백전과 같은 악화의 주조 유통을 가능케 한 요인이 되었으리라는 점도 생각할 수 있을 것이다.

이상에서 살펴본 몇 가지 사실이 동기가 되어서 왕조당국은 1866년

(고종 3)부터 당백전을 주조 유통하기 시작하였다. 당백전 주조 사업에 착수한 지 불과 수년 만에 각 지방에서 음성적으로 불법 주조된 것을 제외하고도, 1천 6백여만 냥의 당백전이 남발되었다. 왕조당국은 그 실질가치는 상평통보의 5~6배에 지나지 않는 것에 액면가 100배로 고액화한 악화 당백전을 남발함으로써 거액의 임시 수익을 취해 국가 의 응급한 재정 수요에 충당할 수 있었다. 그러나 악화 당백전이 남발됨 으로써 화폐가치는 폭락되는 반면 물가는 폭등하여 사농공상(士·農· 工·商) 등 어느 계층을 말할 것도 없이 극도의 궁핍에 허덕이게 되어 자살을 기도하는 사람이 나타나게 되었다고 한다. 이로써 당백전의 악주남발은 화폐경제의 확대 발전 후반기에 나타났던 화폐경제의 발 전 추세를 억제하는 한편, 상평통보의 유통체제인 종래의 전통적 화폐 제도가 문란해지는 결정적 계기, 즉 조선말기 화폐제도 문란의 배경이 되었던 것이다.

이처럼 당백전의 주조 유통으로 발달된 조선말기의 화폐제 문란 내지 화폐경제의 혼란은 1867년(고종 4)부터 당백전의 통용 금지에 대비한 대응책으로서 그 실질가치가 상평통보의 2분의 1에 불과한 악화 중국 동전 3~4백만 냥을 수입하여 상평통보와 동일가로 유통시 킴으로써 더욱 심각해졌다. 여기에 더하여 1876년(고종 13)의 개항 이후 일본을 비롯한 선진 제국의 화폐가 유입되고, 1883년(고종 20)에 급증하는 국가재정 수요에 충당키 위한 궁여책으로서 역시 악화인 당오전을 다량 주조 유통시킴으로써, 화폐경제의 혼란기였던 1860년 대부터 1890년대에 이르는 시기의 화폐제 내지 화폐경제 면에 일어난 혼란상은 한층 더 심각한 상황에 이르렀던 것이다.

　당시 왕조당국은 당백전의 악주 남발로 발단된 화폐제 내지 화폐경제 면에 일어난 혼란을 주체적으로 수습, 재정비하지 못한 채로 개항을 맞게 되었다. 전통적으로 폐쇄되었던 조선사회가 개항을 계기로 하여 급격히 개방체제로 전환되는 과정에서 선진 제국의 근대 화폐와의 접촉을 가지게 되었던 것이다. 이로써 왕조 당로자들은 가치가 안정되고 운송이 편리한 근대 화폐의 우수성을 실감하는 한편 가치 변동이 격심하고 운송이 불편한 상평통보의 약점을 더욱 절실히 느낄 수 있게 되었다. 더구나 조선왕조는 상평통보 유통체제인 전근대적인 화폐제도로 말미암아 국제무역에서 큰 불편과 많은 손해를 보게 되었던 것이다.

　왕조 당국은 당백전의 악주 남발 이래로 심각해진 화폐제 내지 화폐경제 면에 일어난 혼란을 극복하고 전통적인 전근대적 화폐제를 개혁하기 위해 당시 일본을 비롯한 선진 제국이 채용하고 있는 근대 화폐제를 도입 시행하려 하였다. 왕조당국은 한국의 전근대적 화폐제를 근대적 화폐제도로 개혁하기 위해 19세기 80년대에 한국 최초의 상설 조폐기관으로서 '전환국(典圜局)'을 설치하고 독일로부터 근대 조폐 기술을 도입 활용하려 하였다. 그러나 당시 왕조당국이 근대 화폐제를 도입 실시하기 위해서 시도한 노력은 소요 재정의 뒷받침이 없고 당로자들 사이에 의견이 대립되는 등 여러 가지 이유로 말미암아 좌절되고 말았다. 이처럼 근대 화폐제를 도입 실시하려는 조선왕조의 주체적 노력은 실패로 돌아갔다. 1894년(고종 31) 마침내 일본국의 영향 하에서 '신식화폐발행장정(新式貨幣發行章程)'을 공포하였고 은 본위제도를 채용하게 되었다. 이로써 상평통보 유통체제인 한국의 전근대적 화폐제도가 근대적인 것으로 전환될 수 있었다. 그러나 이것은 왕조당국의 화폐에 대한 지배권이 자주 독립성을 상실하는 중요한 계기가 되었던 것이다.

요컨대 화폐경제의 혼란기는 조선사회의 전통적 화폐제가 내포한 취약성과 화폐정책의 모순점이 노출됨으로써 화폐경제 면에 심각한 혼란이 일어난 시기인 동시에 전통적 화폐제를 청산하고 새로운 유통질서로서 근대적 화폐제를 도입 실시하기 위해서 진통을 겪었던 시기에 해당한다고 볼 수 있을 것이다. 또한 화폐경제의 혼란기는 전통적으로 통상 수교 거부를 고집해 왔던 왕조 당로자들이 조선을 개방시키기 위해 접근하는 외세에 두려움을 느끼고 있던 시기 또는 일단 문호가 개방된 뒤에는 거기에 대응하는 개방체제를 정비하기 위해서 제반 개화시책을 추진하고 있던 시대의 역사적 성격이 화폐제도와 화폐경제 면에 그대로 투영된 시기였다고 볼 수 있을 것이다. 그리고 화폐경제의 혼란기에 일어난 화폐정책의 문란과 화폐경제의 혼란상은, 대체로 봉건 제국(諸國)의 말기에 급증하는 재정 수요에 충당하기 위해 화폐를 악주 남발함으로써 화폐제도 내지 화폐정책이 혼란에 빠지게 된다고 하는 일반적 현상과 성격을 같이 하는 것으로도 이해할 수 있을 것이다.

VIII. 화폐사상의 발전

한국 화폐경제 발전과정에서 볼 때, 조선후기를 포괄하는 '화폐경제 성장발전기'에는 화폐경제의 확대 발전으로 성리학 중심 가치체계와 농업 중심 생산양식 등 전통 조선왕조의 『경국대전』적 제반 사회질서의 해체 내지는 근대지향적 발전이 촉진되었다. 윤리・도덕지향적 사회에서 논리・실리지향적 사회로 전환하는 데 있어서 화폐경제의 발달이 큰 영향을 끼쳤던 것이다. 특히 실학자들의 화폐경제론은 근대지향적 성격으로 화폐경제 성장발전기의 모습을 반영하고 있다. 따라서 김육(1580~1758), 유형원(1622~1673), 이익(1681~1763), 박지원(1737~1805), 정약용(1762~1836) 등 대표적 실학자의 화폐정책론에 보이는 근대화의 중요한 지표인 화폐관・상업관・외래문물 수용론・민족의식의 성장 발전 등에 초점을 맞춰 전통사회 해체 내지 근대지향적 발전상을 다음과 같이 정리할 수 있다.[1]

---

1) 원유한, 「반계 유형원의 긍정적 화폐론」, 1970 ; 「성호 이익의 부정적 화폐론-이조사회 해체과정의 일측면적 고찰로서-」, 1971 ; 「다산 정약용의 발전적 화폐론」, 1971 ; 「연암 박지원의 화폐제 개혁론」, 1971 ; 「잠곡 김육의 화폐경제사상」, 1980.

첫째, 김육은 개성유수 출신 고급관료로서 문화 및 정치 활동을 통해 개경학(開京學)이 조선후기 실학으로 전승되는 과정에 크게 기여한 초기 실학자이다.[2] 유형원보다 42년 먼저 태어나 활동한 그의 화폐정책론은 조선의 화폐경제 발전과정 중 '화폐(동전)유통 보급기(17세기 초~1690년대 말)'를 배경으로 형성되었다. 그는 물품화폐와 칭량은화 등이 지배한 자연경제적 유통질서를 극복하고 명목화폐인 동전을 법화로 주조 유통할 것을 주장했을 뿐 아니라, 자신의 화폐정책론이 반영된 화폐정책 운용을 주도하였다.[3]

김육은 화폐(동전)가 나라를 넉넉하게 하고 민중을 편안하게 하기 때문에 천하의 여러 나라가 사용하므로, 우리나라에서만 유통되지 못할 까닭이 없다고 주장하면서 화폐가 국가재정과 민중생활에 차지하는 가치를 높이 평가하였다. 이러한 그의 화폐 가치관은 그가 학문 내지 사상적 영향을 받은 이이(1536~1584)·조헌(1544~1592)·이수광(1563~1629) 등은 물론, 이덕형(1561~1613)·김신국(1572~1657) 등 고급관료들과 본질적으로 공통되는 것으로 보인다. 특히 김신국은 인조조의 화폐정책 운용에 적극 참여한 관료학자로서 동전유통을 이용후생의 실천방안으로 생각하는 등 실학지향적 화폐 가치관을 가지고 있어 주목된다.[4]

김육은 동전의 유통 보급 방안으로 상설점포 설치 운용론을 제의하

2) 원유한, 「개성, 조선후기 실학사상의 요람」, 1997 ; 「실학요람으로서 개성의 위치」, 2000 ; 「한국 실학의 개념 모색」, 2000.
3) 원유한, 「잠곡 김육의 화폐경제사상」, 1980.
4) 원유한, 「관료학자 김신국의 화폐경제론」, 1989.

는 등, 한계가 있기는 하지만 상업진흥론을 제의하여 실시될 수 있도록 노력하였다. 그가 상업진흥론을 제의한 동기는 본질적으로 관료학자 김신국과 공통되는 것으로 보인다.[5] 동전유통 보급 방안으로 대동미의 일부를 금납화할 것을 주장하는 등 조세의 금납화 방안을 제의하여 화폐정책 운용에 반영하기 위해 노력하였다. 그는 왕조당국이 북벌을 준비하고 있는 중에도 중국의 화폐정책을 참고하여 활용하거나, 중국 동전의 수입 유통을 시도하였다. 이와 같은 활동을 통해 그의 화폐정책론에서는 전북학론(前北學論)이 북학론(北學論)으로 전환하는 과도기의 북학의식을 확인할 수 있다.[6] 이로써 그의 북학의식은 명분·의리·전통 지향적인 중세적 대명의식이 실리 내지 공리적인 근대지향적 대청의식으로 전환되는 과정에서 형성되었음을 의미하는 것으로 이해할 수 있다. 그의 화폐정책론에는 실학지향적인 진보의식은 비교적 뚜렷이 나타나 있지만, 그에 상응할 만한 민족주의 지향의식은 나타나 있지 않은 것으로 보인다.[7]

김육은 고급관료로서 사행으로 중국에 들어가거나, 개성유수 재직 중 중국 및 개성지방의 상품화폐 경제 발전에 대한 견문과 체험을 바탕으로 하여 양란 후 파탄에 직면한 국가경제 내지 국가를 재건하기 위해 중국 및 개성지방을 본떠서 상품화폐 경제를 증진시키기 위해

---

5) 원유한, 「잠곡 김육의 화폐경제사상」, 1980 ; 「관료학자 김신국의 화폐경제론」, 1989.

6) 원유한, 「개성, 조선후기 실학사상의 요람」, 1997 ; 「실학요람으로서 개성의 위치」, 2000 ; 「한국 실학의 개념 모색」, 2000.

7) 원유한, 「잠곡 김육의 화폐경제사상」, 1980.

상업 진흥 및 동전유통 정책 운용을 주도하였다. 이로써 김육은 자신처럼 초기 실학자로 알려진 이수광·한백겸·윤휴·허목 등은 물론, 조익·이홍주·원두표 등 개성유수 출신 고급관료들과 함께 상품화폐경제의 발전기반을 다지는 한편, 이를 배경으로 하여 국지적인 개경학이 조선후기 실학으로 전승하는데 중요한 역사적 역할을 했다 할 것이다.[8]

  둘째, 유형원은 개경학을 전승하여 조선후기 실학으로 학문적 체계를 이룬 대표적 실학자로서, 김육보다 42년 뒤에 태어나 이익이 태어나기 8년 앞서 죽었다. 그의 화폐정책론은 주로 '화폐(동전)유통 보급기'를 배경으로 하여 형성되었다. 그는 김육처럼 동전주조 유통론을 바탕으로 한 화폐정책론에서 물품화폐와 칭량은화 등이 지배한 자연경제적 유통질서를 극복하고, 명목화폐인 동전을 법화로 주조 유통하는 방안을 제시하였다.[9]

  유형원의 화폐 가치관을 보면, 화폐(동전)는 나라를 부유하게 하고 백성을 넉넉하게 하는 것으로, 토지와 함께 민생의 근본이 되는 것이라고 하는 등 화폐의 가치를 높이 평가하였다. 그의 화폐 가치관은 자신이 학문·사상적 영향을 받은 이이·조헌·이수광·김육 등은 물론, 이덕형·김신국·허적(1610~1680) 등 화폐정책 운용에 직접 참여한 고급

---

8) 원유한, 「개성, 조선후기 실학사상의 요람」, 1997 ; 「실학요람으로서 개성의 위치」, 2000 ; 「한국 실학의 개념 모색」, 2000.

9) 원유한, 「반계 유형원의 긍정적 화폐론」, 1970 ; 「개성, 조선후기 실학사상의 요람」, 1997 ; 「실학요람으로서 개성의 위치」, 2000 ; 「한국 실학의 개념 모색」, 2000.

관료들과 본질적으로 공통되는 것이다.10)

유형원은 동전유통 보급 방안으로 상설점포 설치운용을 제의하는
등, 농업을 위축시키지 않는 범위 내에서 상업을 진흥하는 것이 필요하
다고 주장하였다. 또한 동전을 유통 보급하기 위해 전세 등 주요 조세를
점차적으로 금납화하는 동시에 주요한 국가의 수입·지출을 화폐화할
것을 제의하였다. 그의 화폐정책론은 청조 이전 시기의 중국문물을
수용하겠다는 전북학의식(前北學意識)을 바탕으로 하고 있는 것으로
보인다. 또한, 한국 역사상 최초로 서양 화폐에 관한 새로운 소식을
탐문하여 화폐정책론을 체계화하는 데 참고하였다. 그의 화폐정책론
에는 전북학론과 서학론을 종합하고 절충 보완한 전북학(前北學) 지향
의식을 엿볼 수 있다. 따라서 그의 진보적 개혁의식은 비교적 뚜렷이
나타나 있으나, 그에 상응할 만한 민족주의 지향의식은 나타나지 않는
것은 김육과 비슷하다. 두 사람은 당국자와 국외자라는 입장의 차이는
있으나, 양란 이후 왕조당국이 당면한 위기에 대응하는데 있어서 명분
보다는 실질 내지 공리에 우선해야 한다는 점에 대한 인식은 같이했던
것으로 보인다.11)

유형원은 화폐정책론을 주장하는 과정에서 조선초기 이래 상품화
폐 경제의 정상적 발전을 제약한 무본억말책(務農抑末策)의 한계를
이말보본책(以末補本策), 즉 상업으로써 농업을 보완하겠다는 진보적

---

10) 원유한, 「실학자의 화폐경제론」, 1981.

11) 원유한, 「반계 유형원의 긍정적 화폐론」, 1970 ; 원유한, 「실학자의 화폐경제
　　론」, 1981 ; 「실학요람으로서 개성의 위치」, 2000 ; 「한국 실학의 개념 모색」,
　　2000.

상업진흥론을 구상 제시한 것이다. 이처럼 소극적인 성격의 상업진흥론이기는 하지만, 당시의 역사적 상황 하에서는 주목할 만한 진보적 현실대응론으로서 의미를 가지는 것이다. 유형원이 개경학을 전승하여 조선후기 실학으로 학문적 체계를 이룬 것과 거의 같은 시기에 영의정 허적은 1678년(숙종 4)에 개성유수 출신 우의정 권대운의 도움을 받으며 동전(상평통보)주조 유통 문제를 건의하여, 채택되는데 주도적 역할을 한 사실을 주목해야 할 것이다. 그 이후 동전은 지속적으로 유통 보급되어 1690년대 말에는 법화로서 유통기반을 이룩했을 뿐만 아니라, 19세기 말까지 유통되었기 때문이다.[12]

셋째, 이익은 실학의 학파를 형성한 대표적 실학자로서 유형원이 죽은 지 8년 후에 태어나 박지원의 나이 26세 때 죽었다. 그의 화폐정책론은 주로 '화폐유통에 대한 반동기(18세기 초~1740년대 초)'를 배경으로 하여 형성되었다. 그는 동전유통 금지론을 골자로 한 화폐정책론에서 동전은 백해무익한 것이라 하여 유통을 금지하고, 물품화폐와 칭량은화 등이 지배한 자연경제적 유통체제로 복귀하는 보수적 현실대응방안을 제시하였다.[13]

이익은 화폐정책론에서 유형원과는 달리 상업은 농업을 위축시키고 동전은 상업발전을 조장한다고 생각하였기 때문에, 상품화폐 경제 발전을 비판 내지 부정적으로 평가하였다.[14] 이익의 화폐정책론에

---

12) 원유한, 「18세기에 있어서의 화폐정책－동전의 주조사업을 중심으로－」, 1967.

13) 원유한, 「성호 이익의 부정적 화폐론－이조사회 해체과정의 일측면적 고찰로서－」, 1971.

북학 지향의식은 나타나 있으나, 중국화폐에 관한 역사적 사실 중 동전유통 금지론의 근거가 되는 부분만을 참고하였을 뿐이다. 더구나 유형원처럼 서양의 화폐에 대한 관심을 가질 필요는 느끼지 않았던 것으로 짐작된다.

이익의 과거 복귀적인 보수적 화폐정책론에서는 유형원의 경우와 달리 진보의식은 찾아보기 어려우나, 그의 역사 및 문화의식에서처럼 대청무역론에서는 민족주의 지향의식이 뚜렷이 나타나 있다. 이익의 화폐정책론은 대체로 그와 같은 시기에 활약한 실학자 정상기(1678~1752)는 물론, 영조(1694~1776) 등의 화폐정책론과 본질적으로 공통되는 것이다.[15]

그러나 이익·영조 등과 같은 시기의 화폐경제 발전을 경험한 실학자 유수원과 고급관료 박문수 등은 화폐정책이나 화폐제도의 개혁을 통해 전황 등 제반 사회경제적 모순과 폐단을 극복함으로써 화폐유통구조를 개선하는 방안을 제시하였다.[16] 특히 1742년(영조 18)에 동전을 계속 주조 유통해야 한다고 주장한 고급관료 박문수의 건의에 따라 40여 년간 거의 중단되었던 동전주조 사업을 대대적으로 개설하기 시작한 사실을 주목해야 할 것이다. 이 사실은 '화폐유통에 대한 반동기'가 '화폐경제 확대 발전기(1740년대~1860년대)'로 전환하는 계기가

---

14) 원유한, 「성호 이익의 상업제한론」, 1988.

15) 원유한, 「조선전통사회의 화폐유통에 대한 반동의 한계성-영조의 동전통용 금지 시도의 실패를 중심으로-」, 1979 ; 「농포자 정상기의 화폐경제론」, 1994.

16) 원유한, 「기은 박문수의 화폐경제론-관료들의 화폐경제론과 비교 검토-」, 1995.

되었기 때문이다.17)

또한, 간과할 수 없는 것은 거의 같은 시기의 역사적 상황을 경험한 이익·정상기 등과 유수원 등 실학자들의 화폐정책론이 다르고,18) 영조와 박문수 등 당국자의 화폐정책론이 서로 다른 한편, 흔히 상대적 입장에 있다고 보는 실학자와 당국자 등의 화폐정책론이 일치한다는 점이다. 이것은 실학이 몇몇 재주가 뛰어난 수재들의 독창물이라기보다는 역사적 산물이며, 또한 실학의 이해 시각이 실학자 중심에서 역사적 상황 중심으로 확대되어야 한다는 입론(立論)의 설득력을 더해 줄 것으로 생각한다.

이로써 이익의 화폐정책론은 상품화폐 경제가 발전함에 따라 조선 사회의 성리학 중심 중세적 가치체계와 농업중심 생산양식의 해체가 촉진되는 등 진보적 역사발전에 대한 보수적 현실대응론으로 이해할 수 있다. 또한 상업으로써 농업을 보완하겠다는 유형원의 상업진흥론 내지 상품화폐 경제 발전론에 대한 이익의 보수반동론으로 생각할 수 있다. 이와 동시에 이익이 직접·간접적으로 영향을 받은 개경학이 포용한 상품화폐 경제 지향의식의 역사적 실현에 대한 보수적 현실대응론으로 이해할 수도 있을 것이다.

넷째, 박지원(朴趾源)은 청조문물을 수용하자는 북학론과 개경학이 포용한 북학의식의 영향을 받은 북학파 실학자로서 이익보다 46년

---

17) 원유한, 「기은 박문수의 화폐경제론-관료들의 화폐경제론과 비교 검토-」, 1995.

18) 원유한, 「조선후기 화폐유통구조 개선론의 일면-유수원의 현실적 화폐론을 중심으로-」, 1972.

후에 태어나서 68년 동안 살다가 정약용보다 31년 앞서 죽었다.[19] 그의 화폐정책론은 주로 '화폐경제 확대 발전기'의 '전반(1740년대~1810년대 말)'을 배경으로 하여 형성되었다. 그는 화폐정책론에서 당일전(當一錢)과 당이전(當二錢)을 병용하는 한편, 품질과 체재를 통일한 천마(天馬)·주안(朱眼) 형태의 칭량은화를 주조 유통하는 북학지향적인 화폐제도 개혁론을 제시하였다. 화폐제도 개혁론에서 동전(당일전)만을 법화로 통용하는 단일법화 유통체제의 한계를 극복하는 한편, 지은(地銀) 형태의 칭량은화를 법화로 하려는 진보의식을 엿볼 수 있다.[20] 박지원과 거의 같은 시기에 활약한 실학자 우정규(1718~1791)를 비롯한 상당수의 고급관료들은 각종 고액전을 주조 유통할 것과 지은 형태의 칭량은화를 무게·품질·체재 등을 일정하게 통일하여 법화화할 것을 제의하였다.[21] 특히 칭량은화 증발을 위한 은광 개발론에서 자본주의생산양식의 맹아가 엿보이고 있어 주목된다.[22]

　박지원의 화폐 가치관을 보면 "무릇 교역은 동전이 아니면 이루어질 수 없다고 말하면서, 동전가치가 하락하여 물가가 상승하면 민중과

---

19) 원유한, 「연암 박지원의 화폐제 개혁론」, 1971 ;「개성, 조선후기 실학사상의 요람」, 1997 ;「실학요람으로서 개성의 위치」, 2000 ;「한국 실학의 개념 모색」, 2000.

20) 원유한, 「연암 박지원의 화폐제 개혁론」, 1971.

21) 원유한, 「조선후기 화폐정책에 대한 일고찰-고액전의 주용논의를 중심으로-」, 1971 ;「실학자 우정규의 화폐경제론」, 1985.

22) 원유한, 「실학자의 화폐사상발전에 대한 고찰-금·은화의 통용론을 중심으로-」, 1980 ;「조선후기 실학자의 광업론 연구-다산 정약용의 광업국영론을 중심으로-」, 1985.

나라가 모두 피폐하고 반대의 경우에는 농민과 상인이 모두 폐해를 입는다."고 하였다. 그는 이익의 상업제한론을 극복하고 비교적 진보적 상업관을 제시하였다.23) 『허생전(許生傳)』의 주인공 허생이 도고상업 (都賈商業) 및 대외무역 활동으로 재부를 축적하는 과정을 통해 박지원의 진보적인 상업관을 확인할 수 있다. 이와 같이 그가 가지고 있었던 상업관의 진보성은 같은 북학파 실학자이자 제자인 박제가(1750~1815)가 통상입국론을, 북학론과 개경학의 영향을 받은 것으로 짐작되는 유수원이 상업제일주의를 주장했다는 것을 미루어 짐작할 수 있다.24)

박지원은 화폐정책론에는 조세의 금납화 문제에 관해 어떤 의견도 제시하고 있지 않은 점을 미루어, 관행되는 일로서 비판대상이 되지 않는다고 생각했던 것으로 이해된다. 이 점은 당시 호조·선혜청 등 주요 국가재정 관리관청의 연간 수입·지출의 화폐화 비율이 점차적으로 증가하는 추세를 통해서도 짐작할 수 있다. 이로써 이익이 활약한 시대 이후의 실학자를 비롯한 대다수 지식계층은 조세의 부분적 금납화 조치를 반대하지 않았던 것으로 짐작된다.

박지원의 화폐정책론에서는 서양화폐에 대해서는 물론 서학에 관한 어떤 지식을 참고한 흔적을 찾아볼 수 없다. 그가 사행을 따라

---

23) 원유한, 「연암 박지원의 화폐제 개혁론」, 1971 ; 「성호 이익의 상업제한론」, 1988.

24) 원유한, 「조선후기 화폐유통구조 개선론의 일면-유수원의 현실적 화폐론을 중심으로-」, 1972 ; 「정유 박제가의 화폐론」, 1993 ; 「개성, 조선후기 실학사상의 요람」, 1997 ; 「실학요람으로서 개성의 위치」, 2000 ; 「한국 실학의 개념 모색」, 2000.

중국에 들어가 견문한 서양문물과 당시 국내에 파급된 서양문물 등에 대해 무관심할 수는 없었을 것이다. 그러나 박지원의 화폐정책론에서는 유형원·정약용 등과 달리, 서양화폐 및 서양문물에 대해 관심을 가진 흔적이 보이지 않는다. 그 이유는 대체로 박제가 등 몇몇 북학파 학자들이 그러했듯이 중국문물의 수용에 지나치게 집착하는 것에 대한 견제적 심리였다고 짐작된다.[25]

이상의 몇 가지 사실을 통해 박지원이 가지고 있었던 화폐정책론의 진보적 성격을 짐작할 수 있으며, 민족주의 지향의식 역시 뚜렷하다는 것을 알 수 있다. 민족주의 지향의식은 대청무역 비판론 및 중국 동전 수입 유통 반대론에서 확인할 수 있다.

흔히 조선후기 실학은 민족주의 지향적 및 근대지향적 성격을 띤 사회개혁사상으로 인식되고 있다. 그러나 김육이나 유형원의 화폐정책론에서는 진보의식은 뚜렷이 나타나 있지만, 민족주의 지향의식은 그렇지 못하다. 이익의 경우에는 민족주의 지향의식은 투철하지만 진보의식은 결여되어 있다. 반면에 박지원의 화폐정책론에 이르면 비로소 두 가지 의식이 뚜렷이 나타나고 있다. 그러나 박지원의 화폐정책론에 투영된 진보 지향의식은 전근대 화폐제도의 수준을 벗어나지 못한 한계가 있는데, 그 한계는 화폐제도 개혁론이 북학론적 입장에서 구상되어 체계화한 데 원인이 있는 것으로 짐작된다.[26]

---

25) 원유한, 「연암 박지원의 화폐제 개혁론」, 1971 ; 「조선후기 화폐유통구조 개선론의 일면-유수원의 현실적 화폐론을 중심으로-」, 1972 ; 「정유 박제가의 화폐론」, 1993.

26) 원유한, 「실학자의 화폐경제론」, 1981.

222

다섯째, 실학을 집대성한 정약용(丁若鏞)은 박지원이 25세 되는
해에 태어나 초기 개화사상가 유길준(1856~1914)이 태어나기 20년
전에 죽었다. 그의 화폐정책론은 주로 '화폐경제 확대 발전기'의 전반을
배경으로 하여 형성되었던 것으로 짐작된다.[27] 그는 동전유통이 편리
하다는 사람은 많고 불편하다는 사람은 한 둘이라고 주장하면서, 그
당시의 화폐가치 인식 수준을 긍정적으로 평가하였다. 또한, 동전은
상품 교환매개로서 나라의 큰 보배이며 민생에 반드시 필요한 것이라
고 화폐가치의 중요성을 강조하였다. 그는 상설 조폐기관인 '전환서(典
圜署)'의 설치 운용론과 금·은·동전주조유통론을 골자로 한 진보적
화폐정책론을 구상하여 제시하였다.[28] 정약용과 더불어 관료학자 서
영보(1759~1816) 역시 본질적으로 대등한 수준의 진보적 화폐정책론
을 제시하였다. 서영보는 정약용이 근대 금본위제도를 연상하게 하는
금·은·동전의 주조 유통론을 구상 제시한 것과 거의 같은 수준의
화폐정책론, 즉 교초(지폐)를 인조(印造)하여 동전과 병용하는 교초유
통론을 제시하였다.[29]

정약용의 상업관을 농업관과 관련하여 살펴보면, 이익의 비현실적
이고 보수적인 상업관과 유수원 및 박제가·박지원 등 북학파 학자들
의 비현실적이고 진보적인 상업관을 종합 절충하여 유형원의 소극적인
상업진흥론을 확대 발전시킨 농업·상업 양립적인 농주상종론(農主商

27) 원유한, 「다산 정약용의 발전적 화폐론」, 1971 ;「실학자의 화폐경제론」, 1981.
28) 원유한, 「다산 정약용의 발전적 화폐론」, 1971 ;「실학자의 화폐경제론」, 1981.
29) 원유한, 「조선후기 관료학자 서영보의 화폐경제론-정약용의 화폐경제론과
비교검토-」, 1987.

從論)을 제시하였다. 또한, 청·일 등 동양권을 벗어난 대외무역의 확대 발전론을 구상 제시했던 것으로 보인다. 정약용은 그의 화폐가치 인식수준을 미루어 볼 때, 조세의 금납화 조치는 국가의 수취체제를 객관적, 합리적으로 운용하는데 도움이 된다고 생각했을 것으로 짐작된다.

정약용의 화폐정책론에서는 근대 지향의식과 함께 민족주의 지향의식을 찾아볼 수 있다. 민족주의 지향의식은 그의 역사의식 및 문화의식에는 물론, 대청무역론을 비롯한 경제의식에도 뚜렷이 나타나고 있다. 그는 중국화폐는 물론 서양화폐에 관한 지식을 참고하여 금·은·동전주조 유통론을 골자로 한 진보적인 화폐정책론을 제시하였다. 그가 북학론과 서학론을 종합하고, 이를 바탕으로 구상, 제시한 서학지향적 화폐제도 개혁론은 근대 금본위제도를 연상하게 하는 진보적인 현실개혁론으로 이해할 수 있을 것이다. 그의 진보적 화폐정책론은 초기 개화사상가 유길준(俞吉濬)의 금본위제도 수용론은 물론, 개화기의 화폐제도 근대화정책 운용에 직접·간접적인 영향을 주었던 것으로 보인다.

IX. 결 론

한국 화폐사는 대체로 세계 여러 나라 화폐사와 비슷한 발전단계를 거치면서 발전해 왔다. 우리나라 역시 다른 나라와 같이 자급자족 단계를 거쳐 물물교환 단계로 접어들면서 무기와 각종 생산도구, 장신구, 가축, 곡물류 등의 물품화폐가 교역매개로 사용되었을 것으로 짐작된다. 삼국시대 이후에는 국내 상권(商圈)과 조세수취영역이 확대되고 대외무역이 활발해짐에 따라 명목화폐 유통의 필요성이 더욱 커졌을 것이다. 특히 신라가 삼국을 통일하고 통일국가 완성을 지향하는 과정에서 명목화폐 유통의 필요성을 절감했을 것으로 보인다. 그러나 통일국가 재시도기에 해당하는 고려시대에 들어와서도 70여 년이 지난 성종 15년(996)에 국가에 의해 철전(鐵錢)이 주조 유통되기 이전까지는 명도전(明刀錢)·오수전(五銖錢) 등 중국 고대화폐가 일부 지역에 통용되었을 뿐, 민간이 생산한 곡물·포·철기 등 물품화폐나 철·금·은이 칭량화폐로 통용되는 등 자연경제적 유통질서가 지배하고 있었다. 이로써 고려왕조가 10세기 말에 철전을 주조 유통한 사실은 '화폐 생성기'가 '화폐유통 시도기의 전반'(고려시대 화폐사)으로 전환하는 계기가 되었음으로 그 역사적 의미는 높이 평가되어야 할 것이다.

226

한국의 '화폐 생성기(고조선~10세기 말)'에는 중국 고대 명목화폐 유통의 영향과 정치·경제·사회·문화적 발전에 힘입어 물물교환 및 각종 물품화폐와 칭량화폐 유통단계를 극복하고 '화폐 생성기'에 성장한 자연경제적 유통질서를 바탕으로 철전이 주조 유통되었다고 볼 수 있기 때문이다. 다시 말해서, 철전의 주조 유통 사실은 민간이 생산과 유통과정을 지배한 물품화폐와 칭량화폐 등이 통용된 자연경제적 유통질서가 국가가 정책적으로 관리 운용하는 주화 및 저화 등의 명목화폐 유통체제로 전환하는 역사적 계기가 되었다고 평가할 수도 있다는 것이다.

그리하여 화폐 생성기의 화폐경제 발전을 '토종 능금나무'의 생장(生長)과정에 비유하자면, 문물교환 단계에 싹이 튼 능금나무가 각종의 물품화폐와 칭량화폐 유통과정을 거치며 자라나서 마침내 꽃망울을 맺게 되었다고 말할 수 있을 것이다.

고려왕조에 들어와서 996년에 한국 역사상 최초로 품질·체재·무게를 규격화한 명목화폐 철전[乾元重寶]을 법화(法貨)로서 주조 유통하였다. 그 후 동국통보(東國通寶)를 비롯해 해동통보(海東通寶), 삼한통보(三韓通寶) 등 여러 종류의 주화를 주조 유통하였다. 그밖에 은병(銀瓶)·쇄은(碎銀)·은표(銀標) 등 칭량은화를 유통했고 저화(楮貨)와 각종 중국화폐의 유통이 시도되었다.

대체로 고려시대를 포괄하는 '화폐유통 시도기의 전반(10세기 말~14세기 말)'의 국가 화폐정책은 물품화폐와 칭량화폐 등의 유통을 금지하는 동시에 철전·동전·지폐[寶鈔·저화] 등 명목화폐와 은병

등 칭량은화를 법화로 유통 보급하려는 데 궁극적인 목표를 두고 추진
되었다. 그 당시의 화폐유통 정책은 여러 가지 화폐 중 유통에 가장
적합한 것을 판단하기 위한 실험적 성격이 강했다고 볼 수 있다. 따라서
화폐정책이 집중적이고 지속적으로 추진될 수 없었기 때문에 국가가
유통을 시도한 각종 화폐는 거의 모두 통용이 중단되었다. 그러나
명목화폐화한 은병 등 칭량화폐는 위조가 성행하여 품질이 조악해지는
폐단은 있었지만, 조선왕조 초기까지 지속적으로 유통되고 있었다.
비록 조선왕조 초기에 금·은 면공(免貢)을 위한 명(明)과의 화폐관계
외적인 외교적 문제로 은병 등 칭량은화의 유통이 금지되기는 하였으
나, 고려시대의 화폐제도가 부분적으로 조선왕조에 전승된 것으로
이해할 수 있다. 또한 그 당시에 유통이 시도되었던 저화 역시 조선전기
에 다시 법화로 채택, 그 유통이 적극 추진되었다. 그리고 고려시대의
화폐정책은 조선전기는 물론 그 후기에도 국가 화폐정책 논의 결정과
정에 역사적 선례로서 종종 참고 활용되었다. 따라서 고려시대의 화폐
정책은 한계는 있을지라도 조선 전·후기의 화폐제도 내지 화폐정책
운용에 적지 않은 영향을 끼쳤다는 점에서 역사적 의미를 찾아볼 수
있다.

　이로써 '10세기 말부터 14세기 말까지를 포괄하는 고려시대 화폐
사'(화폐유통 시도기의 전반)의 발전을 '토종 능금나무'의 생장과정에
비유해 말하자면 '화폐 생성기'에 맺어진 능금나무 꽃망울이 개화하기
시작했다 할 수 있을 것이다.

　조선전기 화폐사(화폐 유통시도기의 후반)는 대체로 14세기 말부

터 16세기 말에 이르는 시기를 포괄하는 시기에 해당한다. 그 당시 화폐정책은 물품화폐와 칭량은화 유통체제를 극복하고 명목화폐 제도의 수용에 궁극적인 목표를 두었다는 점에서는 그 전반인 고려시대와 본질적으로 성격을 같이 한다고 할 수 있다. 조선왕조는 왕조 초기에 고려로부터 전승된 칭량은화 등의 명목화폐화 시도는 앞에서 지적했듯이 명과의 외교관계로 인해 중단되었다. 그리고 포화 등 물품화폐의 통용을 억제하는 한편 저화, 동전(조선통보) 등 명목화폐의 유통정책을 적극 추진하였으나 소기의 성과를 거둘 수 없었다. 왕조당국은 화폐의 명목가치보다는 실용성을 중시하는 그 당시 사회현실을 적극적으로 수용하여, 포화(布貨)를 상등(上等)과 중등(中等) 화폐로 하고 저화를 하등(下等) 화폐로 하는 물품화폐 중심의 화폐제도를 법제화하여『경국대전』에 규정하였다. 이처럼 조선전기 화폐사의 중요한 특징으로서, 왕명에 따라 수시로 화폐의 유통과 중단을 결정했던 10세기 말~16세기 60년대 이전과는 달리 화폐제도를 법제화하여 영세법전(永世法典)이란『경국대전』국폐조(國幣條)에 수록하였다는 사실을 들 수 있다. 그러나 저화는 거의 통용되지 않고 포화는 단포화(短布化)와 추포화(麤布化)되는 폐단이 일어나는 상황 하에서 화폐통용 문제를 거듭 논의하던 중 동전[조선통보]이 국내 실정에 가장 적합한 명목화폐라는 점을 인식하고 다시 동전통용을 결정, 조선통보의 주조 유통을 시도였다.

조선전기 화폐사는 명목화폐 유통이 실패했다는 점에서 볼 때, 대체로 고려 때(10세기 말)부터 시작되는 '화폐유통 시도기'에 포괄된다고 할 수 있다. 조선전기 화폐정책의 성격은 고려시대에 비해 지속적이었으나 왕조중심적이고 급진적이었던 반면 극히 현실 수용 지향적이었다는 점으로 특징지을 수 있다. 이러한 당시의 화폐정책은 화폐사 발전과정에서 역사적 위치를 평가해 볼 때, 고려시대(10세기 말~14세기 말)와 조선전기(14세기 말~16세기 말)를 포괄하는 6세기 동안에는 명목화폐 수용이라는 점에서는 획기적인 발전이 없다고 할 수 있을 것이다. 그러나 조선전기, 즉 '화폐유통 시도기의 후반'에 『경국대전』에 법화로 규정된 포화의 단포화나 추포화 현상에서 엿보이는 명목화폐 지향성과 실용가치가 전혀 없는 저화의 한계를 절충 보완, 동전을 법화로 주조 유통하기로 결정한 화폐정책은 조선후기로 계승, 추구되었다. 이와 같은 사실은 '화폐유통 시도기의 전반'에 고려왕조가 법화화한 은병 등 칭량은화의 유통기반을 조선전기로 전승한 것보다 더 큰 역사적 의미를 가진다고 할 것이다. 실용가치 면에서 볼 때 은병은 명목화폐화 되었다는 점을 고려한다 해도 귀금속으로서 비금속(卑金屬)인 동전에 비해 물품화폐로서의 성격이 강하기 때문이다. 또한 조선왕조 초기에 은병 등은 유통이 금지되었지만 조선후기로 전승된 동전유통 정책은 적극 추진되어 마침내 '화폐경제 성장발전기'를 이루게 되었던 것이다.

이로써 조선전기 화폐사, 즉 '화폐유통 시도기의 후반(14세기~16세기 말)'까지의 화폐사 발전을 '토종 능금나무'의 생장과정에 비유해 말하자면, '화폐유통 시도기의 전반'을 지나 그 후반인 16세기 말경에는 활짝 핀 능금나무 꽃잎이 떨어지고 열매를 맺기 시작했다고 할 수 있을 것이다.

조선왕조는 '화폐경제 성장발전기(17세기 초~1860년대)'에 해당하는 그 후기에 해서체(楷書體) 조선통보와 팔분체(八分體) 조선통보, 십전통보(十錢通寶), 상평통보(常平通寶) 및 중국 동전 등을 의욕적으로 유통 보급시키려 하였다. 왕조당국은 전란 이후 국가경제가 파탄에 직면하게 되자 국가경제 재건책의 일환으로 17세기 초반부터 조선전기의 화폐정책을 계승하여 동전유통 정책을 적극 추진하였다. 즉 명분과 전통에 집착하지 않고 실용·실제성을 중시하는 공리지향적 성격을 특징으로 하는 조선후기의 화폐정책은 고려시대와 조선전기에 축적된 역사적 경험을 바탕으로 적극 추진되었던 것이다. 특히 1678년(숙종 4)에 상평통보가 주조 유통되면서부터 유통지역은 국내 각 지방으로 확대되고 각 계층의 화폐가치 인식은 심화되었다. 화폐경제가 화폐유통 보급기(17세기 초~1690년대 말), 화폐유통에 대한 반동기(18세기 초~1740년대 초) 및 화폐경제 확대 발전기(1740년대 초~1860년대)를 거치면서 성장 발전되자, 조선왕조의 성리학 중심 가치체계와 농업 중심 생산양식 등 제반 『경국대전』적 전통 질서의 해체 내지 근대지향적 발전은 촉진되었다.1) 이로써 거듭 지적했듯이 조선후기가 포괄하는 '화폐경제 성장발전기'의 화폐정책이 가지는 역사적 의의 내지 위치는 높이 평가되어야 할 것이다.

흔히 말하듯이 상품화폐 경제 발전은 역사발전 과정에서, 특히 중세 봉건사회가 근대 산업사회로 이행하는 과정에 있어 중요한 역사적 기능을 발휘하는 것으로 인식되고 있다. 그러므로 화폐경제 발전은

---

1) 본서 Ⅵ. 화폐유통의 영향 참조.

중세 봉건사회의 해체 내지 근대 자본주의 맹아 발생기로 평가되는 조선후기의 정치·경제·사회·문화·국제관계 등 제반 사회질서의 발전을 촉진한 요인이 되었던 것이다. 다시 말해서, 양란 이후 지구·지동설(地球·地動說)의 대두로 천원지방(天圓地方)의 우주론에 근거한 화이론적(華夷論的) 역사인식이 극복되면서 민족사에 대한 주체적 인식론의 성장이 증진되었다. 명분 등을 중시하는 덕치(德治)·예치(禮治) 중심의 왕도사상(王道思想)이 가진 한계를 보완하기 위해 공리(功利)를 중시하는 정치·형치 중심의 패도사상(覇道思想)의 수용이 증진되었다. 무본억말책의 한계를 보완하기 위한 이말보본책(以末補本策)을 추구, 상공업 진흥이 보다 의욕적으로 시도되었다. 성리학 중심의 가치체계와 농업 중심의 생산양식의 해체로 엄격히 고정화된 전통사회 신분질서의 해체 내지 평등지향의식이 증진되었다. 상위 신분계층에 편중되어 있던 문화향유권이 보편화되면서 서민화 지향의식이 증진되었다. 양란 이후 청·일 양국과의 국제관계가 비교적 안정됨으로써, 폐쇄적이었던 국제질서의 개방이 증진되었다. 이로 인해 청·일과의 무역이 비교적 활발히 이루어지는 한편, 반성리학적 성격을 띤 고증학과 천주교의 파급이 증진되었다. 이와 같이 조선왕조는 양란 이후 성리학 중심 가치체계와 농업중심 생산양식 등 『경국대전』적 제반 사회질서의 해체가 촉진되고 있는 과정에서 국가경제 내지 국가재건 정략으로 수용된 북학과 개경학(開京學)은 반성리학적 성격을 띤 양명학 및 고증학·서학(천주교) 등과 직접·간접적 관련을 가지며 조선후기 실학으로 확대 발전하여 마침내 실학의 대가 정약용(1762~1836)에 의해 집대성되었다.

흔히 한국 역사상 중세사회 해체 내지 근대사회의 생성기로 인식되고 있는 조선후기의 역사적 위치를 규명하고자 할 때, 화폐경제 발전과 그 주요 사상적 배경이 된 실학의 발전을 주목하게 된다. 화폐경제 발전 및 실학사상 발전과정에는 다른 분야에 비해 역사적 변화·변동상이 비교적 민감하게 나타나 있기 때문일 것이다. 그러나 상평통보와 같은 전근대적 화폐의 유통으로 증진된 화폐경제의 확대 발전은 근대 자본주의 맹아 발생을 촉진한 요인이 되었을 뿐, 그 이상의 역사적 역할을 하는 데는 한계를 가지고 있었다. 다시 말해서 전통 화폐제도로서는 급격한 문호개방에 뒤따른 자본주의 열강세력의 침투에 적극적으로 대응하는데 한계가 있었던 것이다. 그리하여 조선왕조는 악화 당백전(當百錢)의 남발로 발단된 전근대적 화폐제도의 모순과 폐단을 극복하는 동시에, 외세의 침투에 보다 능동적으로 대처하기 위한 부국강병책의 일환으로서 근대 화폐제도(금·은본위제도)의 수용을 적극 추진했던 것이다.

또한 조선후기의 화폐경제 성장 발전의 주요 사상적 배경이 되었던 실학은 정약용에 의해 집대성되었다. 실학이 집대성되었다는 것은 조선후기의 실학을 종합 정리, 완성하였다는 점을 의미하는 동시에, 실학이 그 당시 해결해야 할 역사적 과제, 즉 타의에 의한 문호개방으로 급진전하는 역사적 상황에 대응하는 데 가지는 한계를 스스로 인정하는 것으로 이해될 수도 있다. 그리하여 정약용은 그 같은 한계를 극복할 방안으로서 근대 금·은본위제도를 연상케 하는 화폐제도 개혁론을 구상 제시하였다. 그의 근대지향적 화폐제도 개혁론은 조선말기에 개화정책의 일환으로서 추진한 근대 금·은본위제도 수용과정에 직접 간접적인 영향을 주게 되었던 것이다.[2] 조선후기 실학과 개화사상은 민족주의 및 근대지향적 사회개혁사상이라는 점에 있어 중세실학(中世實學)으로서 본질적으로 역사적 성격을 같이하는 것이다. 조선후기 실학이 개화사상으로 전환된 것은 문호개방으로 대응해야할 역사적 상황이 자본주의 맹아발생기로부터 자본주의 열강세력 침투기로 급진전됨에 따라 그 같은 상황변화에 적극 대처하기 위해 일어난 중세실학의 자기변용(自己變容)이라고 이해할 수 있을 것이다. 문호개방 이후 자본주의 열강세력의 침투로 화폐권 내지 국가 자주권 상실에 대한 위기의식이 고조되었다. 이에 개화정책의 일환으로 시도한 화폐제도 개혁 추진과정에서 근대화 지향의식 보다 민족주의 지향의식, 즉 국가 화폐권을 보위해야 한다는 의식이 보다 강하게 표출되고 있었다.

　　이로써 한국 화폐사의 생성 발전단계를 '토종 능금나무'가 생장하는 과정에 비유해 볼 때, 조선후기(화폐경제 성장발전기)의 화폐경제 발전은 조선전기 말엽에 열매 맺은 능금이 점점 크게 자라서 무르익은 단계에 이르렀다. 능금이 무르익은 시기에 해당하는 조선후기의 화폐경제 발전은 대체로 중세적 사회질서의 해체 내지 근대 자본주의 맹아 발생을 촉진했다는 점이 그 중요한 역사적 기능으로 평가되고 있는 것이다. 그런데 상평통보와 같은 전통 화폐의 역사적 기능은 자본주의 맹아 발생 이상의 사회경제 발전단계에 능동적으로 적극 대응하는

---

　2)　원유한,『조선후기 실학의 생성·발전연구』참조.

234

데는 한계를 가지게 되었다. 그리하여 문호개방 이후 급진전된 자본주의 열강의 경제적 침투에 적극 대처하기 위한 부국강병책의 일환으로서 근대 화폐제도의 수용이 불가피 하였다. 왕조당국은 당백전 남발로 발단된 전통 화폐제도의 혼란을 극복하는 동시에 개화정책의 일환으로서 근대 금본위제도의 수용을 적극 시도하게 되었다. 비유해 말하자면 토종 능금나무와 같은 과에 속하지만, 질과 양적으로 차이가 큰 개량종 능금, 즉 '사과'나무를 접목하는 작업이 개화정책 내지 부국강병책의 일환으로 적극 시도되었던 것이다.3) 이 같은 토종 능금나무에 개량종 사과나무를 접목하는 과정에 비유되는 개화기의 화폐제도의 근대화정책, 즉 금·은본위제도 수용 과정에서 일어나는 제반 역사적 사실과 의미는 후일 시도될 조선말기 화폐사 연구에서 보다 심층적으로 분석, 고찰될 것이다.

---

3) 원유한, 『한국 화폐사』 참조.

찾아보기

238

240

지은이 | 원유한 (元裕漢)

1935년 충남 천안에서 출생, 연세대학교 문과대학 졸업. 同 대학원 사학과 졸업(문학석사·박사), 문교부 국사편찬위원회 편사연구관, 수도여자사범대학 역사교육과 조교수, 홍익대학교 사범대학 역사교육과 교수, 동국대학교 사범대학 역사교육과 교수, 연세대학교 국학진흥연구단 연구교수, 무악실학회장, 한국사연구회장 역임, 현재 동국대학교 명예교수

논 저 | 『조선후기 화폐사연구』(한국연구원, 1975), 『조선후기 화폐유통사』(정음사, 1979), 『홍이섭의 삶과 역사학』(혜안, 1995), 『통일부활의 꿈』(혜안, 2001), 『조선후기 실학의 생성·발전 연구』(혜안, 2003), 『민족사관의 기둥-구암홍이섭선생30주년기념』(실학의 둥지, 2004), 『한국의 전통 사회 화폐』(이화여대출판부, 2005), 『한국화폐사-고대부터 대한제국까지』(한국은행 발권국, 2006) 외 다수.

조선후기 화폐사

원유한

2008년 4월 7일 초판 1쇄 발행

펴낸이·오일주
펴낸곳·도서출판 혜안
등록번호·제22-471호
등록일자·1993년 7월 30일
⑨ 121-836 서울시 마포구 서교동 326-26번지 102호
전화·3141-3711~2 / 팩시밀리·3141-3710
E-Mail hyeanpub@hanmail.net

ISBN 978-89-8494-339-1 93910

값 21,000 원